特別支援教育で役

たし算・ひき算の 文章題ドリル

算数障害のある子への 指導法もわかる

熊谷恵子・山本ゆう 著

Gakken

もくじ

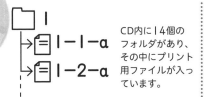

CD内に14個の
フォルダがあり、
その中にプリント
用ファイルが入っ
ています。

データ内の番号表示について

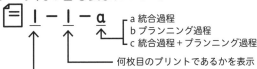

a 統合過程
b プランニング過程
c 統合過程＋プランニング過程

何枚目のプリントであるかを表示

「合わせて　いくつ」「ちがいは　いくつ」など、学習内容を表示

はじめに
本書の使い方

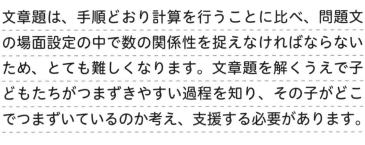

文章題は、手順どおり計算を行うことに比べ、問題文の場面設定の中で数の関係性を捉えなければならないため、とても難しくなります。文章題を解くうえで子どもたちがつまずきやすい過程を知り、その子がどこでつまずいているのか考え、支援する必要があります。

文章題を解く過程

　算数の文章題を解くには、右の図のような4つの過程があります。

①はじめに、問題文を読むという過程があります。文字を読み取ること自体ができていなければ、読み障害などの可能性も考慮してサポートする必要があります。

②次に、文章に書かれたことを頭の中でイメージ化します。これを、「統合過程」といいます。

③さらに、②でイメージ化された内容に合わせて、答えを求める数式（計算式）を考え、表す必要があります。これを「プランニング過程」といいます。

④そして、数式（計算式）を正確に解くという過程を経て、答えを書きます。

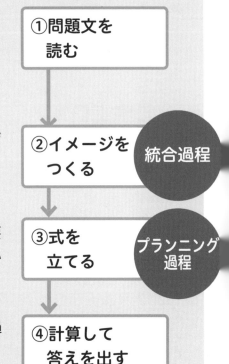

①問題文を読む

②イメージをつくる　統合過程

③式を立てる　プランニング過程

④計算して答えを出す

本書は、この4つの過程のうちもっともつまずきやすく、大切である②の「統合過程」と③の「プランニング過程」に焦点を当て、それぞれの過程を段階的に確認しながら実施、学習を進めます。

統合過程

　本書では、②の「統合過程」において、実際に「絵や図を描くこと」をとおして文章の内容をイメージします。その際、なるべく1つの文章に対して、1つずつ絵や図にしていくことがポイントになります。

　また、絵を描く際に大人が子どもを手伝ってしまうと、描き方のパターンをそのときにまねしただけで、次の日にはまたできなくなってしまいます。ヒントを与えたり、絵や図の描き方を指示したりすることは、自分で考える機会を損なうことになるので、できるだけ自分で絵や図を描くように促します。上手でなくてもよいのです。子ども自身が自分のイメージを大切に描くことが重要です。

プランニング過程

　③の「プランニング過程」では、②の「統合過程」でイメージ化した内容をもとに、数字と演算子をどのように組み合わせて式に表せばよいのか考えます。

　ここでのポイントは、たし算やひき算が表していることの意味をイメージしながら立式することです。

　立式するときに文中から「もらう」「のこりは」などのキーワードだけを探して、「もらう＝たし算」「のこりは＝ひき算」などとする子がいます。しかし、それではたし算やひき算の意味を理解して、数や符号を使って表したり、操作したりすることができるようになったわけではありません。

　すると、「あめがいくつかありました。おかあさんから3つもらったので、5つになりました。さて、はじめにもっていたあめはいくつですか」というような、いわゆる逆思考の問題を解くことができません。

本書で取り扱うたし算の文章題

●合わせて　いくつ

●ふえると　いくつ

●多いほうは　いくつ①

子どもが3人いる。子どもよりみかんは2個多い。みかんはいくつ？

●多いほうは　いくつ②　（具体物を○などで表わす）

| ケーキ | ◯ | ◯ | ◯ | ◯ | ◯ | | |
| おさら | | | | | | ◯ | ◯ |

ケーキが5つある。ケーキよりお皿は2枚多い。お皿はいくつ？

●はじめは　いくつ①

2個あげた

みかんがいくつかあった。みかんを2個あげたので、残りが5個になった。はじめにみかんはいくつあった？

本書で取り扱う数概念（序数性と基数性）の文章題

　　数には、数が順番を表す「序数性」と、数がその量を表す「基数性」があります。「私は前から4番目にいます。私の後ろには何人いるでしょう。」というような問題は、序数性（番目）と基数性（量）を組み合わせた問題になります。そのため、混乱する子どもが多く、順番としての数と量としての数を理解させることが大切です。

●ならんで　いるのは　何人（たし算）

私は、前から2番目にいる。私の後ろに3人いる。みんなで何人？

●前・後ろに　何人 (ひき算)

6人並んでいる。私は前から3番目にいる。私の後ろには何人いる？

本書で取り扱うひき算の文章題

●のこりは　いくつ

●ちがいは　いくつ

●少ないほうは　いくつ①

子どもが3人いる。子どもよりみかんは1個少ない。みかんはいくつ？

●少ないほうは　いくつ② (具体物を○などで表わす)

ケーキ	◯	◯	◯	◯	◯
おさら	◯	◯	◯		

ケーキが5つある。ケーキよりお皿は2枚少ない。お皿はいくつ？

●はじめは　いくつ②

みかんがいくつかあった。みかんを2個もらったので、全部で7個になった。はじめにみかんはいくつあった？

●ふえたのは　いくつ

みかんがいくつかあった。3個もらったので6個になった。はじめにみかんはいくつあった？

●へったのは　いくつ

2つになった　

みかんが6個あった。いくつかあげたので2個になった。いくつあげた？

本書の使い方のポイント

　一般的な文章題を解く場合には、「統合過程」に続けて「プランニング過程」を行いますが、本書では、それぞれプリント（ページ）を分けて取り組みます。

ステップ1
ステップ2
ステップ3

統合過程（a）のプリントでは、問題文の内容を子どもが絵や図で表すことで言語からイメージに置き換える練習をします。

プランニング過程（b）のプリントでは、文章題の状況が整理された絵や図をもとに立式する練習をします。

統合過程・プランニング過程（c）を合わせたプリントで、通常の文章題に近い問題を解く練習をします。

　このドリルでは、たし算「多いほうはいくつ？」やひき算「ちがいはいくつ」「少ないほうはいくつ？」において、ケーキとお皿など、1対1対応で数の多少のイメージがつきやすいものを使っております。

　また、後半のページでは、絵を〇などで置き換え、問題を解いていきます。文章題に出てくる物（対象物）を抽象化することで、大きな数を扱う問題を解くこと、テープ図に発展させて逆思考の問題（□を使って表す問題）などを解くことにつなげていくというねらいがあります。テープ図では、本来1本のテープ図にするものも、2本のテープ図を使用してわからない数をイメージしやすくしています。

　なお、本書の問題では、くり上がりやくり下がりのある計算や20以上の大きな数を使用しないようにしています。文章題の意味を知り、確実に解けるようにするという目的に特化するためです（計算は計算として、別の問題で練習することが大切です）。

　すべてのお子さんの「わかった！」「できた！」「もっとやりたい！」をすべての大人に支えてほしいと願っています。

2020年10月

熊谷恵子・山本ゆう

CD-ROMの使い方

> ⚠️ **注 意** ご使用前に必ずお読みください。
>
> ● 本来の目的以外の使い方はしないでください。
> ● 必ず対応のパソコンで再生してください。
> ● 直射日光の当たる場所で使用または放置・保管しないでください。反射光で火災の起きるおそれや目を痛めるおそれがあります。
> ● ディスクを投げたり、振り回すなどの乱暴な扱いはしないでください。
> ● ひび割れ・変形・接着剤で補修したディスクは使用しないでください。
> ● 火気に近づけたり、熱源のそばには放置しないでください。
> ● 使用後はケースに入れ、幼児の手の届かないところに保管してください。

<取り扱い上の注意>

・ ディスクは両面ともに、指紋・汚れ・キズ等を付けないように扱ってください。
・ ディスクは両面ともに、鉛筆・ボールペン・油性ペン等で文字や絵を書いたり、シール等を貼り付けないでください。
・ ディスクが汚れた場合は、メガネ拭きのような柔らかい布で、内周から外周に向かって放射状に軽く拭いてください。
・ レコードクリーナー、ベンジン・シンナー等の溶剤、静電気防止剤は使用しないでください。
・ 直射日光の当たる場所、高温・多湿な場所での保管は、データの破損につながることがあります。また、ディスクの上から重たいものを載せることも同様です。

<利用についての注意>

・ CD-ROMドライブ搭載のパソコンで再生してください（OSやマシンスペック等により再生できないことがあります。この場合は各パソコン、ソフトのメーカーにお問い合わせください）。
・ CD-ROMに収録されているデータはPDFファイルです。PDFファイルをご覧になるにはアドビシステムズ社が配布しているAdobe Readerが必要です（無償）。Adobe Readerをインストールすることにより、PDFファイルの閲覧・印刷が可能になります。ダウンロードについては、アドビシステムズ社のサイト（https://adobe.com/jp/）をご確認ください。Adobe® Reader®はアドビシステムズ社の米国および／または各国での商標または登録商標です。Adobe Readerの不具合や利用方法については、アドビシステムズ社にお問い合わせください。

<操作方法>

・ パソコンのCD-ROMドライブにディスクを挿入して、内容を確認してください。
・ CD-ROMには、プリントのジャンルごとにフォルダが作成されています。フォルダの中には、プリントファイルが入っています。ご覧になりたいファイルをダブルクリックするなどして、開いてください。

<権利関係>

・ 本CD-ROMに収録されている著作物の権利は、株式会社学研教育みらい、または、当該収録物の著作権者に帰属します。
・ このCD-ROMを個人で使用する以外は、権利者の許諾なく譲渡・貸与・複製・インターネット等で使用することを禁じます。
・ 図書館での館外貸与は認めません。

 【館外貸出不可】
※本書に付属のCD-ROMは、図書館およびそれに準ずる施設において、館外へ貸し出すことはできません。

<問い合わせ先>

・ CD-ROMの内容や不具合に関するお問い合わせ先は、下記にお願いします。
株式会社学研教育みらい 「ヒューマンケアブックス」担当
電話03-6431-1576（受付時間9時〜17時 土日・祝日を除く）

1-1-a　合わせて　いくつ

下の　れいでは，もんだいの　文を　絵で　あらわして　います。
自分なら　どのように　かくか，考えて　みましょう。

もんだい

れい

① 魚が　1ぴき　います。

② 魚が　9ひき　います。

③ 合わせて　何びき　いますか。

①

②
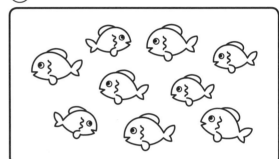

③
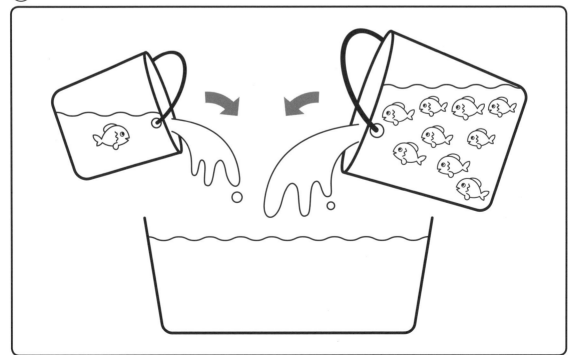

1-2-a

合わせて いくつ

もんだいの 文を 読んで，絵を それぞれ かきましょう。

もんだい

① 魚が 2ひき います。

② 魚が 3びき います。

③ 合わせて 何びき いますか。

①
②

③

どんな 絵でも いいんだよ！

1-3-a　合わせて　いくつ

もんだいの　文を　読んで，絵を　それぞれ　かきましょう。

もんだい

① 花が　4本　あります。

② 花が　2本　あります。

③ 合わせて　何本　ありますか。

①

②

③

1-4-a 合わせて いくつ

もんだいの 文を 読んで，絵を それぞれ かきましょう。

もんだい

① あめが 3こ あります。

② あめが 7こ あります。

③ 合わせて 何こ ありますか。

①

②

③

合わせて いくつ

もんだいの 文を 読んで，絵を 見ながら 数字と しきと 答えを 書きましょう。

もんだい

魚が **10ぴき** います。

魚が **9ひき** います。

合わせて 何びき いますか。

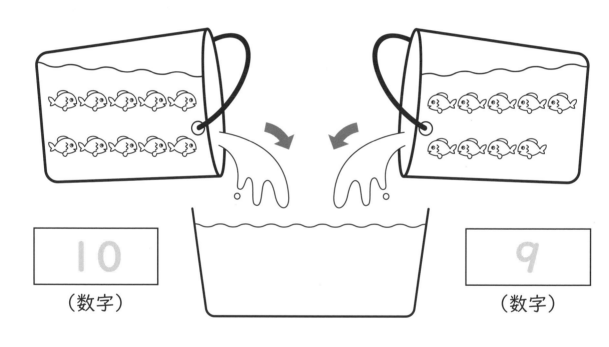

10
（数字）

9
（数字）

（しき） 10 ＋ 9 ＝ 19

（答え） 19 ひき

1-2-b

合わせて いくつ

もんだいの 文を 読んで，絵を 見ながら 数字と しきと 答えを
書きましょう。

もんだい

魚が **12ひき** います。

魚が **7ひき** います。

合わせて 何びき いますか。

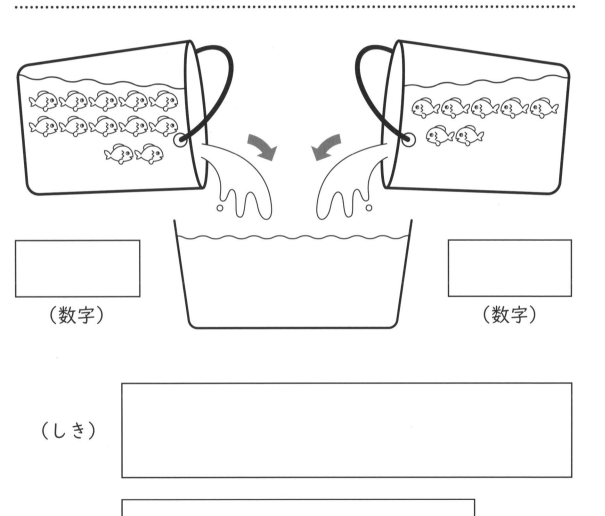

（数字）

（数字）

（しき）

（答え）

合わせて　いくつ

もんだいの　文を　読んで，絵を　見ながら　数字と　しきと　答えを
書きましょう。

もんだい

花が　**2本**　あります。
花が　**6本**　あります。
合わせて　何本　ありますか。

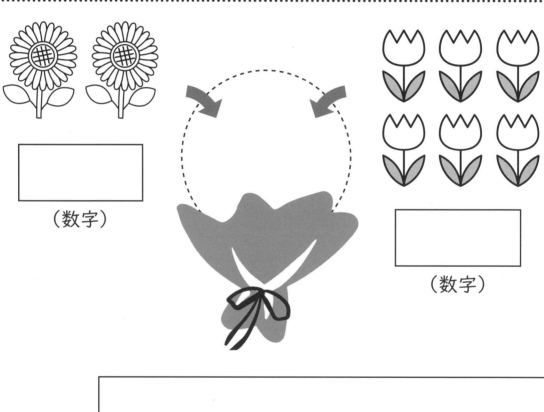

（数字）

（数字）

（しき）

（答え）

合わせて いくつ

もんだいの 文を 読んで，絵を 見ながら 数字と しきと 答えを
書きましょう。

もんだい

あめが **6こ** あります。

あめが **13こ** あります。

合わせて 何こ ありますか。

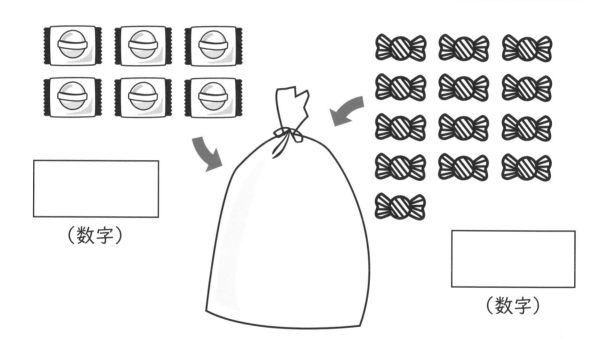

（数字）

（数字）

（しき）

（答え）

合わせて いくつ

もんだいの 文を 読んで, 絵を かきましょう。

もんだい

魚が 5ひき います。

魚が 3びき います。

合わせて 何びき いますか。

しきに 書いて 答えましょう。

（しき）

（答え）

1-2-c 合わせて いくつ

もんだいの 文を 読んで, 絵を かきましょう。

もんだい

水そうに 魚が 7ひき います。

べつの 水そうに 魚が 11ぴき います。

ぜんぶ 池に うつすと, 合わせて 何びきに なりますか。

しきに 書いて 答えましょう。

（しき）

（答え）

合わせて いくつ

もんだいの 文を 読んで，絵を かきましょう。

もんだい

大きな 花が 3本 あります。

小さな 花が 15本 あります。

花は，ぜんぶで 何本 ありますか。

しきに 書いて 答えましょう。

（しき）

（答え）

合わせて いくつ

もんだいの 文を 読んで, 絵を かきましょう。

もんだい

わたしは あめを 10こ もって います。

あなたは あめを 6こ もって います。

あめは, ぜんぶで 何こ ありますか。

しきに 書いて 答えましょう。

(しき)

(答え)

ふえると いくつ

下の れいでは，もんだいの 文を 絵で あらわして います。
自分なら どのように かくか，考えて みましょう。

もんだい

れい

① 魚が 5ひき います。

② 魚を 3びき 買って きました。

③ ぜんぶで 何びきに なりましたか。

①

②

③

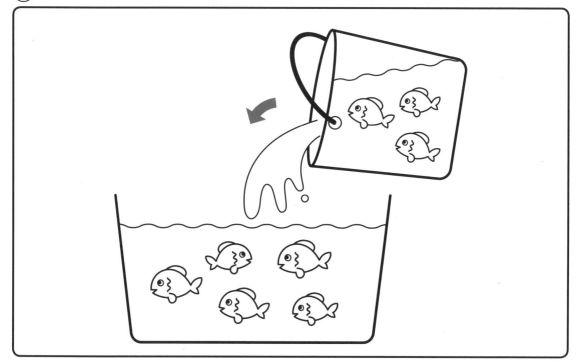

ふえると いくつ

もんだいの 文_{ぶん}を 読_よんで，絵_えを それぞれ かきましょう。

もんだい

① 魚_{さかな}が 4ひき います。

② 魚を 1ぴき もらって きました。

③ ぜんぶで 何_{なん}びきに なりましたか。

①

②

③

ふえると いくつ

もんだいの 文を 読んで，絵を それぞれ かきましょう。

もんだい

① 花が 2本 あります。

② 花を 6本 ふやしました。

③ ぜんぶで 何本に なりましたか。

①

②

③

24

ふえると いくつ

もんだいの 文を 読んで，絵を それぞれ かきましょう。

もんだい

① えんぴつが 7本 あります。

② えんぴつを 3本 買って もらいました。

③ ぜんぶで 何本に なりましたか。

①

②

③

ふえると　いくつ

もんだいの　文を　読んで，絵を　見ながら　数字と　しきと　答えを
書きましょう。

もんだい

魚が　**14 ひき**　います。

魚を　**4 ひき**　買って　きました。

ぜんぶで　何びきに　なりましたか。

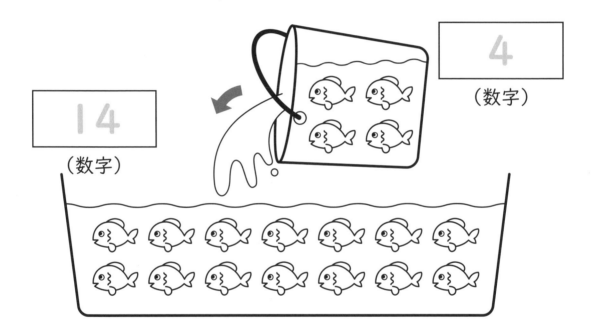

14
（数字）

4
（数字）

（しき）　$14 + 4 = 18$

（答え）　18 ひき

ふえると　いくつ

もんだいの　文を　読んで，絵を　見ながら　数字と　しきと　答えを
書きましょう。

もんだい

魚が　**10ぴき**　います。
魚を　**5ひき**　買って　きました。
ぜんぶで　何びきに　なりましたか。

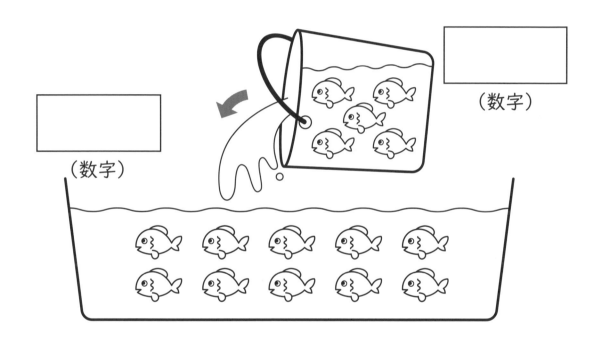

（数字）

（数字）

（しき）

（答え）

ふえると いくつ

もんだいの 文を 読んで，絵を 見ながら 数字と しきと 答えを
書きましょう。

もんだい

花が **3本** あります。
花を **10本** ふやしました。
ぜんぶで 何本に なりましたか。

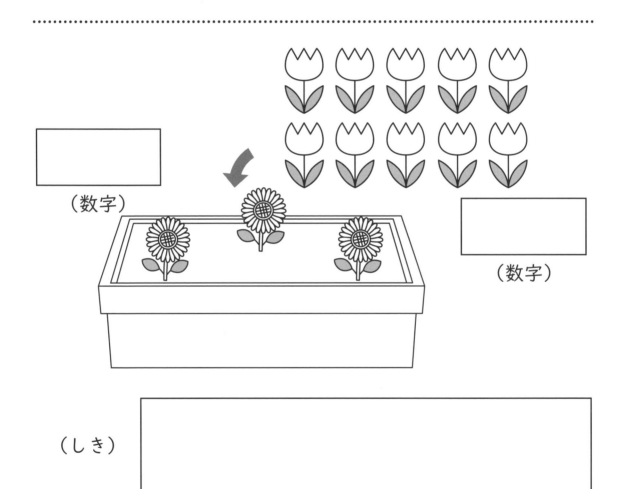

（数字）

（数字）

（しき）

（答え）

2-4-b　ふえると　いくつ

もんだいの　文を　読んで，絵を　見ながら　数字と　しきと　答えを
書きましょう。

色えんぴつが　**7本**　あります。
色えんぴつを　**10本**　買って　もらいました。
ぜんぶで　何本に　なりましたか。

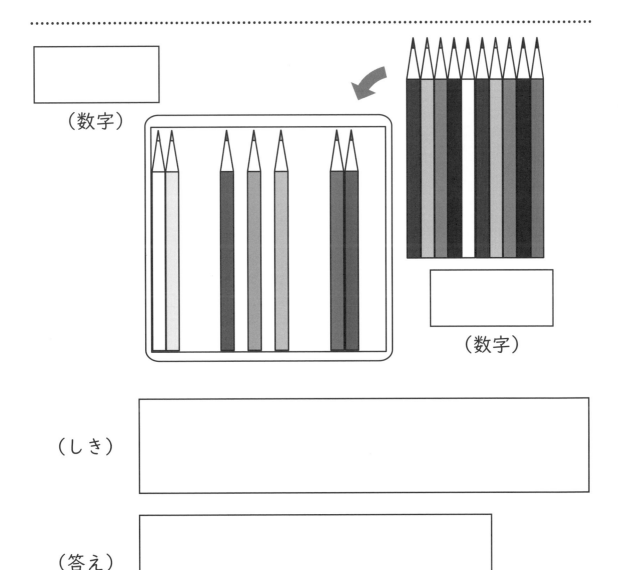

（数字）

（数字）

（しき）

（答え）

29

ふえると いくつ

もんだいの 文を 読んで，絵を かきましょう。

もんだい

魚が 5ひき います。
12ひき 買って きました。
ぜんぶで 何びきに なりましたか。

しきに 書いて 答えましょう。

（しき）

（答え）

ふえると　いくつ

もんだいの　文<ruby>ぶん</ruby>を　読<ruby>よ</ruby>んで，絵<ruby>え</ruby>を　かきましょう。

もんだい

川<ruby>かわ</ruby>に　魚<ruby>さかな</ruby>が　15ひき　います。

そこへ，魚が　3びき　およいで　きました。

ぜんぶで　何<ruby>なん</ruby>びきに　なりましたか。

しきに　書<ruby>か</ruby>いて　答<ruby>こた</ruby>えましょう。

（しき）

（答え）

ふえると いくつ

もんだいの 文を 読んで，絵を かきましょう。

もんだい

大きな うえ木ばちに，花が 10本 あります。

さらに，花を 2本 うえると，

合わせて 何本に なりますか。

しきに 書いて 答えましょう。

（しき）

（答え）

2-4-c　ふえると　いくつ

もんだいの　文を　読んで，絵を　かきましょう。

もんだい

12色入りの　色えんぴつを　もっています。

もう　1本　買って　もらうと，

合わせて　何本に　なりますか。

しきに　書いて　答えましょう。

（しき）

（答え）

のこりは　いくつ

下の　れいでは，もんだいの　文を　絵で　あらわして　います。
自分なら　どのように　かくか，考えて　みましょう。

もんだい

れい

① ちょうが　5ひき　います。

② ちょうが　2ひき　とんで　いきました。

③ のこりは　何びきに　なりましたか。

①

②

③

のこりは　いくつ

もんだいの　文を　読んで，絵を　それぞれ　かきましょう。

もんだい

① ちょうが　4ひき　います。

② ちょうが　3びき　とんで　いきました。

③ のこりは　何びきに　なりましたか。

①

②

③

のこりは いくつ

もんだいの 文_{ぶん}を 読_よんで，絵_えを それぞれ かきましょう。

もんだい

① あめが 10こ あります。

② あめを 4こ 食_たべました。

③ のこりは 何_{なん}こに なりましたか。

①

②

③

のこりは いくつ

もんだいの 文を 読んで, 絵を それぞれ かきましょう。

もんだい

① どんぐりが 8こ あります。

② どんぐりを 4こ あげました。

③ のこりは 何こに なりましたか。

①

②

③

のこりは いくつ

もんだいの 文を 読んで，絵を 見ながら 数字と しきと 答えを
書きましょう。

もんだい

ちょうが **12ひき** います。
ちょうが **2ひき** とんで いきました。
のこりは 何びきに なりましたか。

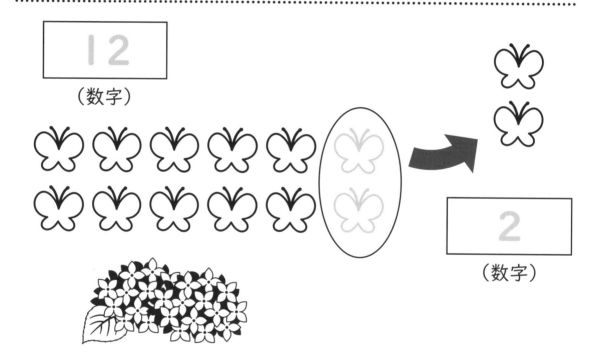

（数字） 12

（数字） 2

（しき） 12 － 2 ＝ 10

（答え） 10 ぴき

のこりは　いくつ

もんだいの　文を　読んで，絵を　見ながら　数字と　しきと　答えを
書きましょう。

もんだい

ちょうが　**14 ひき**　います。

ちょうが　**13 びき**　とんで　いきました。

のこりは　何びきに　なりましたか。

（数字）

（数字）

（しき）

（答え）

もんだいの　文を　読んで，絵を　見ながら　数字と　しきと　答えを
書きましょう。

もんだい

いちごが　**16こ**　あります。

いちごを　**4こ**　たべました。

のこりは　何こに　なりましたか。

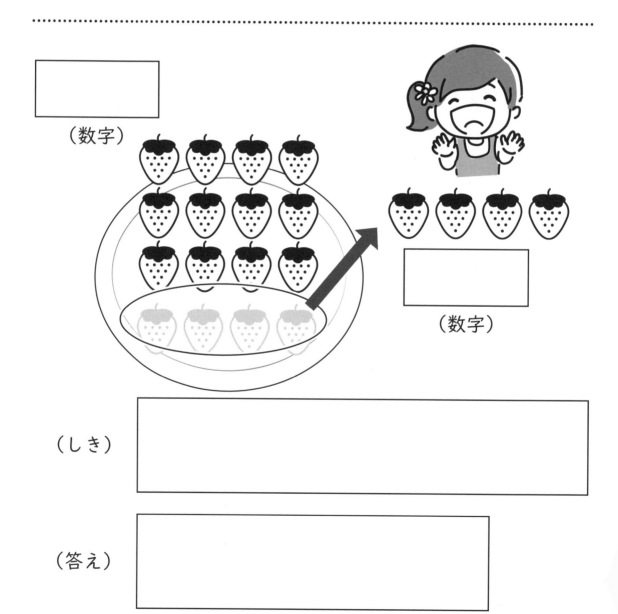

（数字）

（数字）

（しき）

（答え）

のこりは　いくつ

もんだいの　文を　読んで，絵を　見ながら　数字と　しきと　答えを
書きましょう。

もんだい

たまごが　**17こ**　あります。
たまごを　**4こ**　つかいました。
のこりは　何こに　なりましたか。

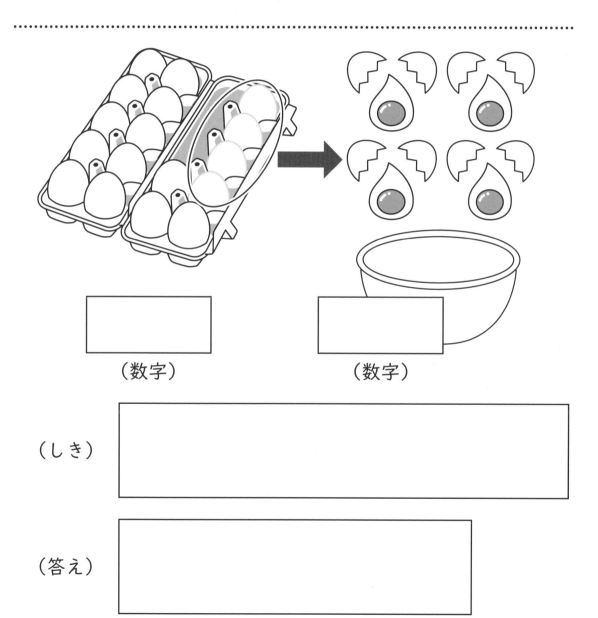

（数字）　　　　　（数字）

（しき）

（答え）

のこりは いくつ

もんだいの 文を 読んで,絵を かきましょう。

もんだい

花ばたけに ちょうが 5ひき います。

そのうち 3びきが とんで いって しまいました。

のこりは,何びきに なりましたか。

しきに 書いて 答えましょう。

（しき）

（答え）

のこりは　いくつ

もんだいの　文を　読んで，絵を　かきましょう。

もんだい

電線に　鳥が　7羽　とまって　いました。

むこうに　2羽　とんで　いって　しまいました。

今，電線に　鳥は　何羽　いますか。

しきに　書いて　答えましょう。

（しき）

（答え）

のこりは いくつ

もんだいの 文を 読んで，絵を かきましょう。

もんだい

ふくろに あめが 6こ あります。
友だちと いっしょに 4こ 食べました。
のこりは いくつに なりましたか。

しきに 書いて 答えましょう。

（しき）

（答え）

のこりは いくつ

もんだいの 文を 読んで，絵を かきましょう。

もんだい

れいぞうこに たまごが 10こ 入って います。

オムレツを 作るために 4こ つかうと，

のこりは 何こに なりますか。

しきに 書いて 答えましょう。

（しき）

（答え）

4-1-a　ちがいは いくつ

下の　れいでは，もんだいの　文を　絵で　あらわして　います。
自分なら　どのように　かくか，考えて　みましょう。

もんだい

れい
① りすが　8ひき　います。
② どんぐりが　5こ　あります。
③ どちらが　いくつ　**多い**ですか。

①

②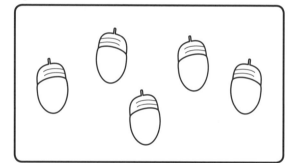

③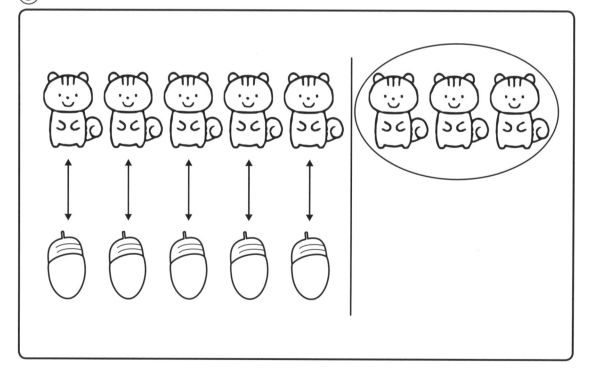

46

4-2-a　ちがいは いくつ

もんだいの 文を 読んで，絵を それぞれ かきましょう。

もんだい

① りすが 3びき います。

② どんぐりが 6こ あります。

③ どちらが いくつ 多いですか。

①

②

③

ちがいは いくつ

もんだいの 文を 読んで，絵を それぞれ かきましょう。

もんだい

....

① えんぴつが 7本 あります。

② けしゴムが 2こ あります。

③ どちらが いくつ **少ない**ですか。

....

①

②

③

ちがいは いくつ

もんだいの 文を 読んで，絵を それぞれ かきましょう。

もんだい

① うさぎが 2ひき います。

② にんじんが 3本 あります。

③ どちらが いくつ 少ないですか。

①

②

③

4-1-b ちがいは いくつ

もんだいの 文を 読んで，絵を 見ながら 数字と しきと 答えを
書きましょう。

もんだい

りすが **10ぴき** います。
どんぐりが **8こ** あります。
どちらが いくつ **多い**ですか。

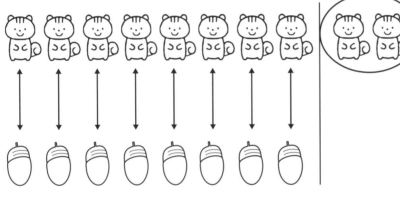

10
（数字）

8
（数字）

（しき）　10－8＝2

（答え）　りすが2ひき多い

ちがいは いくつ

もんだいの 文を 読んで，絵を 見ながら 数字と しきと 答えを
書きましょう。

もんだい

りすが **6ぴき** います。

どんぐりが **9こ** あります。

どちらが いくつ **多い**ですか。

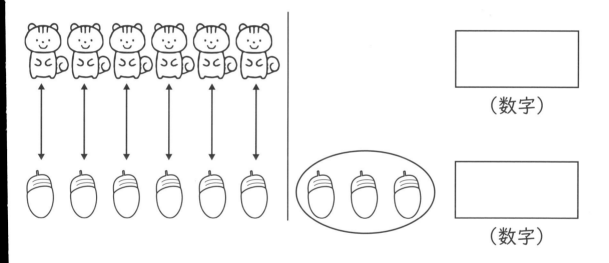

（数字）

（数字）

（しき）

（答え）

4-3-b ちがいは いくつ

もんだいの 文を 読んで，絵を 見ながら 数字と しきと 答えを
書きましょう。

もんだい

えんぴつが **14本** あります。

けしゴムが **4こ** あります。

どちらが いくつ **少ない**ですか。

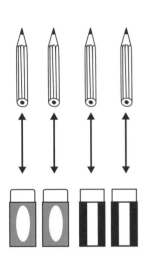
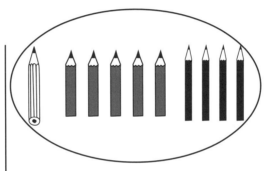

（数字）

（数字）

（しき）　14 － 4 ＝ 10

（答え）　けしゴムが 10こ少ない

ちがいは いくつ

もんだいの 文を 読んで，絵を 見ながら 数字と しきと 答えを
書きましょう。

もんだい

うさぎが **7ひき** います。

にんじんが **9本** あります。

どちらが いくつ **少ない**ですか。

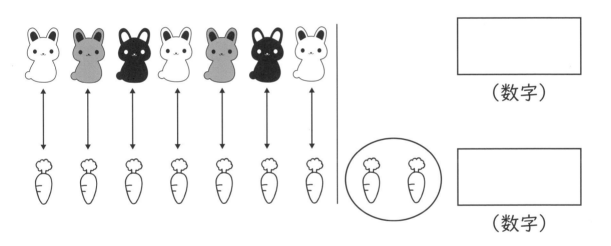

（数字）

（数字）

（しき）

（答え）

　　　ちがいは いくつ

もんだいの 文を 読んで，絵を かきましょう。

もんだい

りすが 2ひき います。
どんぐりが 5こ あります。
どちらが いくつ 多いですか。

（空欄の枠）

しきに 書いて 答えましょう。

（しき）

（答え）

4-2-c　ちがいは いくつ

もんだいの 文を 読んで，絵を かきましょう。

もんだい

ねこが 4ひき います。
ねこが 魚を 3びき 見つけました。
どちらが いくつ 多いですか。

しきに 書いて 答えましょう。

（しき）

（答え）

ちがいは いくつ

もんだいの 文を 読んで，絵を かきましょう。

もんだい

ふでばこに えんぴつが 7本 入って います。

けしゴムは 2こ 入って います。

どちらが いくつ 少ないですか。

しきに 書いて 答えましょう。

（しき）

（答え）

4-4-c　ちがいは いくつ

もんだいの 文を 読んで，絵を かきましょう。

もんだい

うさぎが 3びき います。
にんじんが 6本 あります。
どちらが いくつ 少ないですか。

しきに 書いて 答えましょう。

（しき）

（答え）

多いほうは いくつ①

下の れいでは，もんだいの 文を 絵で あらわして います。
自分なら どのように かくか，考えて みましょう。

もんだい

れい

① りすが 3びき います。

② りすより，どんぐりは 1こ 多いそうです。

③ どんぐりは，いくつ ありますか。

①

②

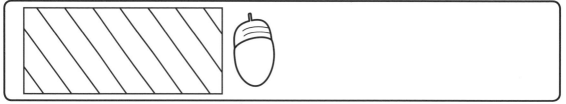

③

多いほうは いくつ①

もんだいの 文を 読んで，絵を それぞれ かきましょう。

もんだい

① りすが 5ひき います。

② りすより，どんぐりは 5こ 多いそうです。

③ どんぐりは，いくつ ありますか。

①

②

③

多いほうは いくつ①

もんだいの 文を 読んで，絵を それぞれ かきましょう。

もんだい

① えんぴつが 10本 あります。

② えんぴつより，けしゴムは 5こ 多いそうです。

③ けしゴムは，いくつ ありますか。

①

②

③

多いほうは いくつ①

もんだいの 文を 読んで，絵を それぞれ かきましょう。

もんだい

① にんじんが 2本 あります。

② うさぎは，にんじんより 2ひき 多いそうです。

③ うさぎは，何びき いますか。

①

②

③

多いほうは いくつ①

もんだいの 文を 読んで，絵を 見ながら 数字と しきと 答えを
書きましょう。

もんだい

りすが **7ひき** います。

りすより，どんぐりは **2こ** 多いそうです。

どんぐりは，いくつ ありますか。

（数字）　| 7　ひき |

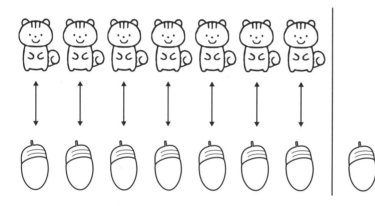

（数字）　| 2　こ 多い |

（しき）　$7 + 2 = 9$

（答え）　9こ

多いほうは いくつ①

もんだいの 文を 読んで，絵を 見ながら 数字と しきと 答えを
書きましょう。

もんだい

りすが **8ひき** います。

りすより，どんぐりは **2こ** 多いそうです。

どんぐりは，いくつ ありますか。

（数字） | **ひき**

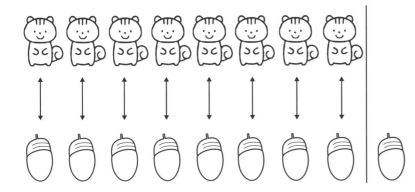

（数字） | **こ 多い**

（しき）

（答え）

多いほうは いくつ①

もんだいの 文を 読んで，絵を 見ながら 数字と しきと 答えを
書きましょう。

もんだい

けしゴムが **3こ** あります。

けしゴムより，えんぴつは **7本** 多いそうです。

えんぴつは，いくつ ありますか。

（数字） | こ |

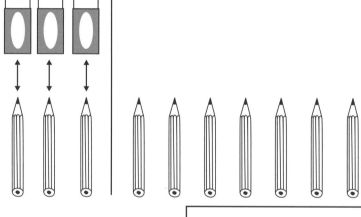

（数字） | **本 多い** |

（しき）

（答え）

5-4-b　多いほうは いくつ①

もんだいの 文を 読んで，絵を 見ながら 数字と しきと 答えを
書きましょう。

もんだい

うさぎが **4ひき** います。

にんじんは，うさぎより **2本** 多いそうです。

にんじんは，いくつ ありますか。

（数字）　　　　ひき

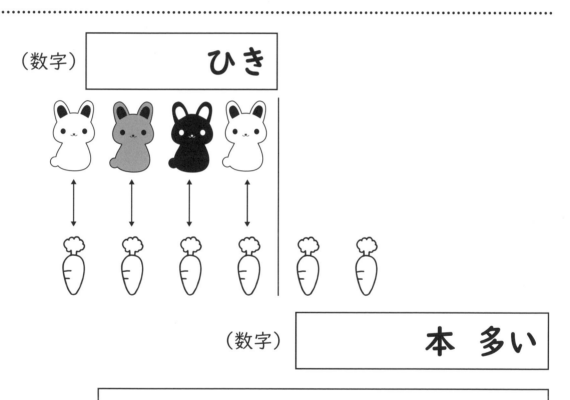

（数字）　　　　　　　　本 多い

（しき）

（答え）

多いほうは いくつ①

もんだいの 文を 読んで，絵を かきましょう。

もんだい

りすが 3びき います。

りすより，どんぐりは 1こ 多いそうです。

どんぐりは，いくつ ありますか。

しきに 書いて 答えましょう。

（しき）

（答え）

多いほうは いくつ①

もんだいの 文を 読んで，絵を かきましょう。

もんだい

家で りすを 3びき かって います。

えさの どんぐりは，りすよりも 4こ 多く あります。

どんぐりは，いくつ ありますか。

しきに 書いて 答えましょう。

（しき）

（答え）

5-3-c 多いほうは いくつ①

もんだいの 文を 読んで，絵を かきましょう。

もんだい

ふでばこに けしゴムが 2こ 入って います。
それよりも，えんぴつは 4本 多く 入って います。
ふでばこに えんぴつは，いくつ 入って いますか。

しきに 書いて 答えましょう。

（しき）

（答え）

5-4-c 多いほうは いくつ①

もんだいの 文を 読んで，絵を かきましょう。

もんだい

学校に うさぎが 6ぴき います。

にんじんを，うさぎより 2本 多く 用意しました。

にんじんは，いくつ ありますか。

しきに 書いて 答えましょう。

（しき）

（答え）

少ないほうは いくつ①

下の れいでは, もんだいの 文を 絵で あらわして います。
自分なら どのように かくか, 考えて みましょう。

もんだい

① りすが ３びき います。

② りすより, どんぐりは １こ 少ないそうです。

③ どんぐりは, いくつ ありますか。

①

②

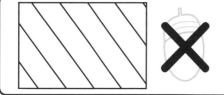

③

少ないほうは いくつ①

もんだいの 文を 読んで，絵を それぞれ かきましょう。

もんだい

① りすが 5ひき います。

② りすより，どんぐりは 2こ 少ないそうです。

③ どんぐりは，いくつ ありますか。

①

②

③

少ないほうは いくつ①

もんだいの 文を 読んで, 絵を それぞれ かきましょう。

もんだい

① えんぴつが 10本 あります。

② えんぴつより, けしゴムは 5こ 少ないそうです。

③ けしゴムは, いくつ ありますか。

①

②

③

6-4-a 少ないほうは いくつ①

もんだいの 文を 読んで, 絵を それぞれ かきましょう。

もんだい

① にんじんを 4本 買って きました。

② うさぎは, にんじんより 2ひき 少ないそうです。

③ うさぎは, 何びき いますか。

①

②

③

73

少ないほうは いくつ①

もんだいの 文を 読んで，絵を 見ながら 数字と しきと 答えを
書きましょう。

もんだい

りすが **7ひき** います。

りすより，どんぐりは **2こ** 少ないそうです。

どんぐりは，いくつ ありますか。

（数字） | **7** | **ひき**

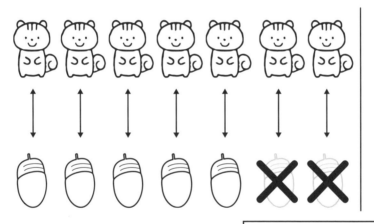

（数字） | **2** | **こ　少ない**

（しき）　$7 - 2 = 5$

（答え）　5こ

少ないほうは いくつ①

もんだいの 文を 読んで，絵を 見ながら 数字と しきと 答えを
書きましょう。

もんだい

りすが **9ひき** います。

りすより，どんぐりは **3こ** 少ないそうです。

どんぐりは，いくつ ありますか。

（数字）　　　　ひき

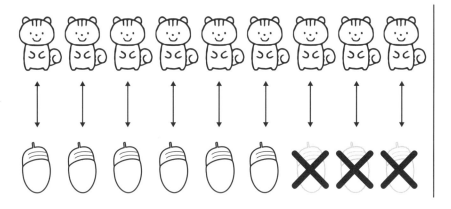

（数字）　　　　こ 少ない

（しき）

（答え）

少ないほうは いくつ①

もんだいの 文を 読んで, 絵を 見ながら 数字と しきと 答えを
書きましょう。

もんだい

けしゴムが **7こ** あります。

えんぴつは, けしゴムより **3本** 少ないそうです。

えんぴつは, いくつ ありますか。

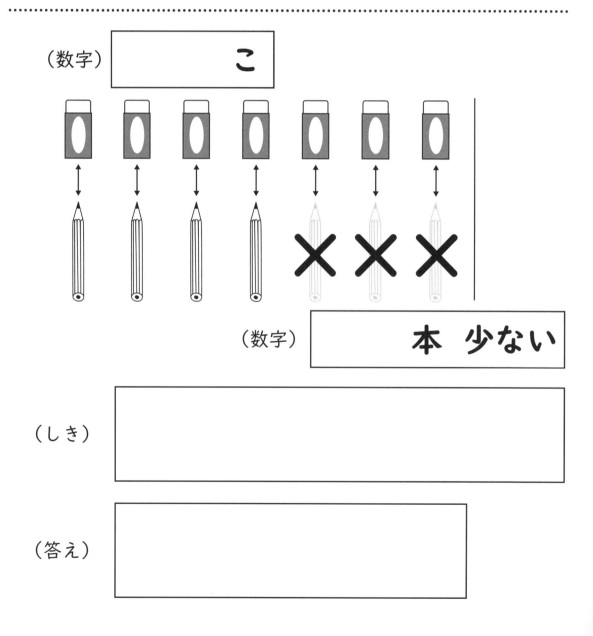

（数字）　　　　　こ

（数字）　　　本　少ない

（しき）

（答え）

少ないほうは いくつ①

もんだいの 文を 読んで, 絵を 見ながら 数字と しきと 答えを 書きましょう。

もんだい

うさぎが **4ひき** います。

うさぎより, にんじんは **2本** 少ないそうです。

にんじんは, いくつ ありますか。

（数字） ┃　　　　　**ひき**　　　　┃

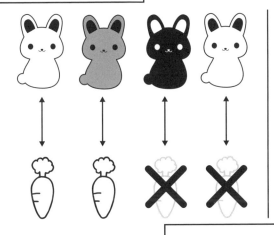

（数字） ┃　　　　　**本 少ない**　　┃

（しき）

（答え）

少ないほうは いくつ①

もんだいの 文を 読んで, 絵を かきましょう。

もんだい

りすが 4ひき います。

りすより, どんぐりは 1こ 少ないそうです。

どんぐりは, いくつ ありますか。

しきに 書いて 答えましょう。

（しき）

（答え）

少ないほうは いくつ①

もんだいの 文を 読んで, 絵を かきましょう。

もんだい

森の 中の 家に りすが 5ひき います。

りすの 家に ある どんぐりは, りすよりも 3こ 少ないそうです。

どんぐりは, いくつ ありますか。

しきに 書いて 答えましょう。

（しき）

（答え）

少ないほうは いくつ①

もんだいの 文を 読んで, 絵を かきましょう。

もんだい

ふでばこに けしゴムが 9こ 入って います。

それよりも, えんぴつは 2本 少ないそうです。

ふでばこに えんぴつは, いくつ 入って いますか。

しきに 書いて 答えましょう。

（しき）

（答え）

少ないほうは いくつ①

もんだいの 文を 読んで，絵を かきましょう。

もんだい

学校に うさぎが 6ぴき います。

用意した にんじんは，うさぎより 4本 少なかったそうです。

にんじんは，いくつ ありましたか。

しきに 書いて 答えましょう。

（しき）

（答え）

ならんで いるのは 何人
_{なんにん}

下の れいでは，もんだいの 文を 絵で あらわして います。
_{した} _{ぶん} _え

もんだい

れい

① わたしは，前から 2番目に ならんで います。
_{まえ} _{ばんめ}

② わたしの 後ろには 2人 います。
_{うし} _{ふたり}

③ みんなで 何人 いますか。
_{なんにん}

① 絵を かいたら，わたしに
   しるしを つけましょう。　　②

③

下の 図の ように ○を つかって あらわしても よいでしょう。
_ず

①　　　　　　　　　　　　②

前　　○　　わたし○　　○　　○　　後ろ

③

7-2-a　ならんで いるのは 何人

もんだいの 文を 絵で あらわしましょう。

もんだい

① わたしは, 前から 3番目に ならんで います。
② わたしの 後ろには 1人 います。
③ みんなで 何人 いますか。

① 絵を かいたら, わたしに　　　②
　しるしを つけましょう。

前	後ろ

③

下に ○を つかって あらわして みましょう。

① 　　　　　　　　　　　　②

前	後ろ

③

ならんで いるのは 何人

下の れいでは, もんだいの 文を 絵で あらわして います。

もんだい

れい

① わたしは, 後ろから 4番目に ならんで います。
② わたしの 前には 1人 います。
③ みんなで 何人 いますか。

② ① 絵を かいたら, わたしに
   しるしを つけましょう。

前　　　　　　　　　　　　　　わたし　　　　　　　　　　　　　　後ろ

③

下の 図の ように ○を つかって あらわしても よいでしょう。

②　　　　　　　　　　　①

わたし

前　　　○　　○　　○　　○　　○　　後ろ

③

ならんで いるのは 何人(なんにん)

もんだいの 文(ぶん)を 絵(え)で あらわしましょう。

もんだい

① わたしは, 後(うし)ろから 3番目(ばんめ)に ならんで います。

② わたしの 前(まえ)には 2人(ふたり) います。

③ みんなで 何人(なんにん) いますか。

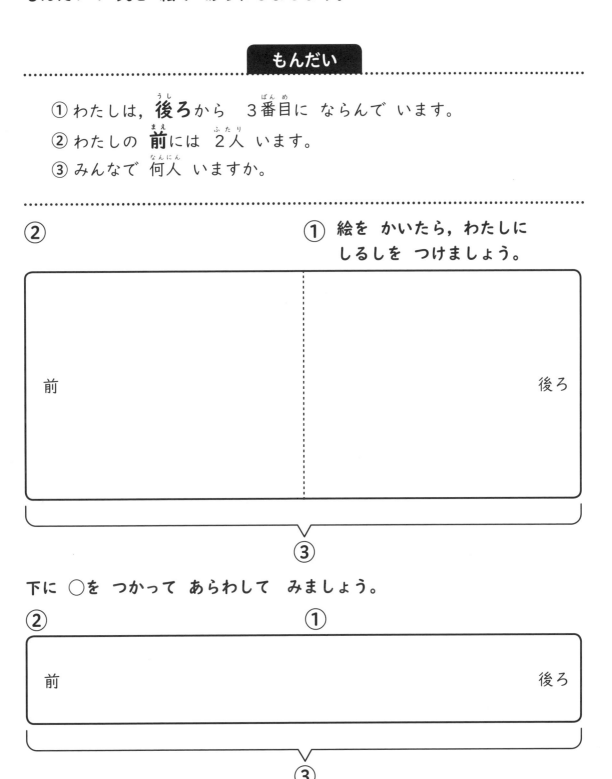

②

① 絵を かいたら, わたしに
　 しるしを つけましょう。

前　　　　　　　　　　　　　　　　　　　後ろ

③

下に ○を つかって あらわして みましょう。

②　　　　　　　　　　　①

前　　　　　　　　　　　　　　　　　　　後ろ

③

ならんで いるのは 何人

もんだいの 文を 読んで，図を 見ながら 数字と しきと 答えを
書きましょう。

もんだい

わたしは，前から 3番目に ならんで います。
わたしの 後ろには 3人 います。
みんなで 何人 いますか。

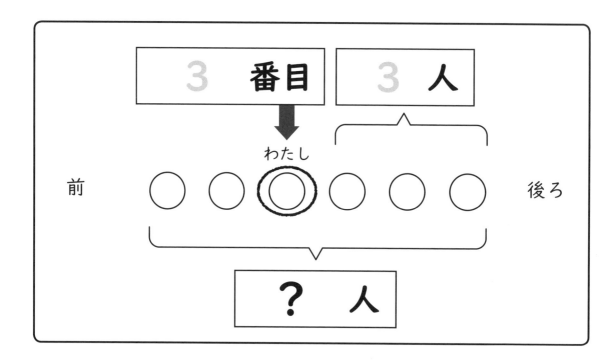

（しき）　3＋3＝6

（答え）　6人

7-2-b ならんで いるのは 何人

もんだいの 文を 読んで，図を 見ながら 数字と しきと 答えを
書きましょう。

もんだい

わたしは，前から 5番目に ならんで います。
わたしの 後ろには 3人 います。
みんなで 何人 いますか。

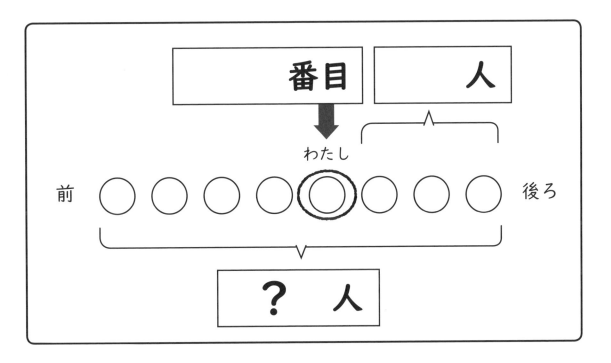

（しき）

（答え）

ならんで いるのは 何人

もんだいの 文を 読んで，図を 見ながら 数字と しきと 答えを
書きましょう。

もんだい

わたしは，後ろから 4番目に ならんで います。
わたしの 前には 2人 います。
みんなで 何人 いますか。

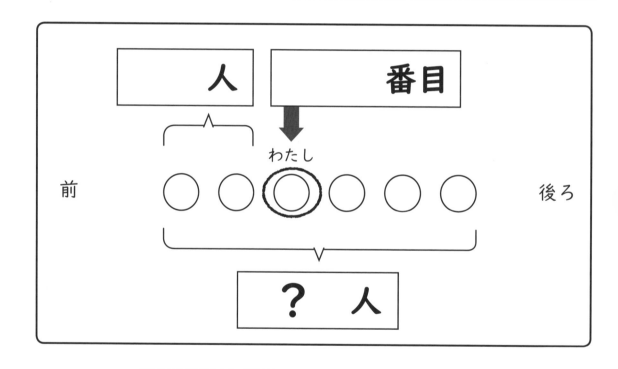

（しき）

（答え）

7-4-b　ならんで いるのは 何人

もんだいの 文を 読んで, 図を 見ながら 数字と しきと 答えを
書きましょう。

もんだい

わたしは, 後ろから 5番目に ならんで います。
わたしの 前には 3人 います。
みんなで 何人 いますか。

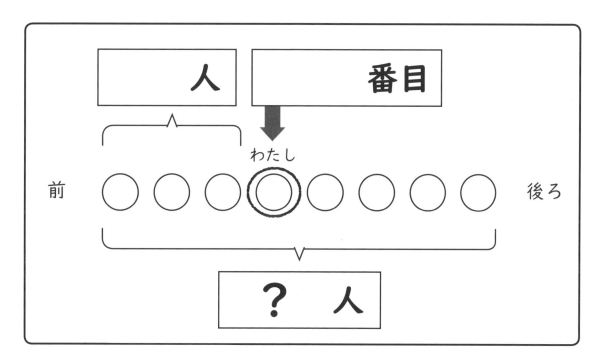

（しき）

（答え）

ならんで いるのは 何人

もんだいの 文を読み, ○を つかって 図で あらわしましょう。

もんだい

わたしは, 前から 6番目に ならんで います。

わたしの 後ろには 2人 います。

みんなで 何人 いますか。

| 番目 | | 人 |

前　　　　　　　　　　　　　　　　　　　　後ろ

？ 人

しきに 書いて 答えましょう。

（しき）

（答え）

ならんで いるのは 何人

もんだいの 文を読み, 〇を つかって 図で あらわしましょう。

もんだい

わたしは, 前から 5番目に ならんで います。

わたしの 後ろには 4人 います。

みんなで 何人 いますか。

番目		人

前　　　　　　　　　　　　　　　　　　　後ろ

? 人

しきに 書いて 答えましょう。

(しき)

(答え)

7-3-c　ならんで いるのは 何人

もんだいの 文を読み, ○を つかって 図で あらわしましょう。

もんだい

わたしは, 後ろから 5番目に ならんで います。

わたしの 前には 2人 います。

みんなで 何人 いますか。

人		番目

前　　　　　　　　　　　　　　　　　　　後ろ

？ 人

しきに 書いて 答えましょう。

（しき）

（答え）

ならんで いるのは 何人

もんだいの 文を読み，〇を つかって 図で あらわしましょう。

もんだい

わたしは，後ろから 2番目に ならんで います。

わたしの 前には 8人 います。

みんなで 何人 いますか。

人	番目

前　　　　　　　　　　　　　　　　　　後ろ

? 人

しきに 書いて 答えましょう。

(しき)

(答え)

下の れいでは，もんだいの 文を 絵で あらわして います。

もんだい

 れい

① 子どもが 10人 ならんで います。

② わたしは，前から 5番目に います。

③ わたしの 後ろには 何人 いますか。

① の 絵を かきます。

② わたしに しるしを つけます。

③ わたしの 後ろに いる 人の 数を 考えます。

下の 図の ように ○を つかって あらわしても よいでしょう。

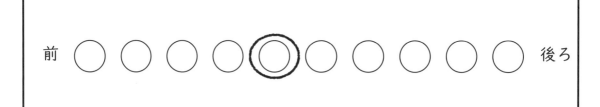

8-2-a

前・後ろに 何人

もんだいの 文を 絵で あらわしましょう。

① 子どもが 6人 ならんで います。

② わたしは, 前から 4番目に います。

③ わたしの 後ろには 何人 いますか。

① の 絵を かきます。

② わたしに しるしを つけます。

③ わたしの 後ろに いる 人の 数を 考えます。

前	後ろ

下に ○を つかって あらわして みましょう。

前	後ろ

前・後ろに 何人

下の れいでは, もんだいの 文を 絵で あらわして います。

もんだい

① 子どもが 10人 ならんで います。

② わたしは, 後ろから 5番目に います。

③ わたしの 前には 何人 いますか。

① の 絵を かきます。

② わたしに しるしを つけます。

③ わたしの 前に いる 人の 数を 考えます。

下の 図の ように ○を つかって あらわしても よいでしょう。

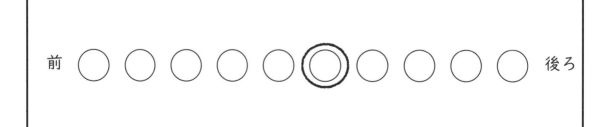

前・後ろに 何人

もんだいの 文を 絵で あらわしましょう。

もんだい

① 子どもが 8人 ならんで います。
② わたしは, 後ろから 5番目に います。
③ わたしの 前には 何人 いますか。

① の 絵を かきます。
② わたしに しるしを つけます。
③ わたしの 前に いる 人の 数を 考えます。

前	後ろ

下に ○を つかって あらわして みましょう。

前	後ろ

もんだいの 文を 読んで, 図を 見ながら 数字と しきと 答えを
書きましょう。

もんだい

子どもが, **10人** ならんで います。
わたしは **前**から **2番目**に います。
わたしの **後ろ**には 何人 いますか。

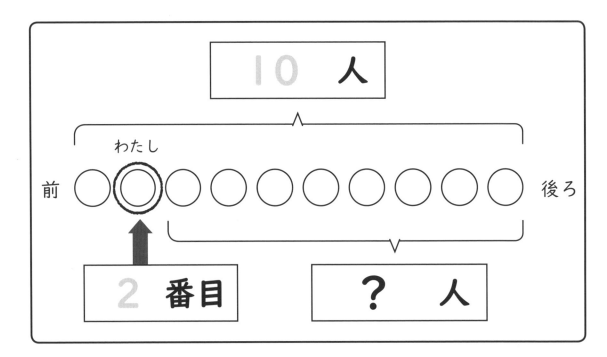

（しき）   10 − 2 = 8

（答え）   8人

前・後ろに 何人

もんだいの 文を 読んで，図を 見ながら 数字と しきと 答えを
書きましょう。

もんだい

子どもが，10人 ならんで います。
わたしは 前から 6番目に います。
わたしの 後ろには 何人 いますか。

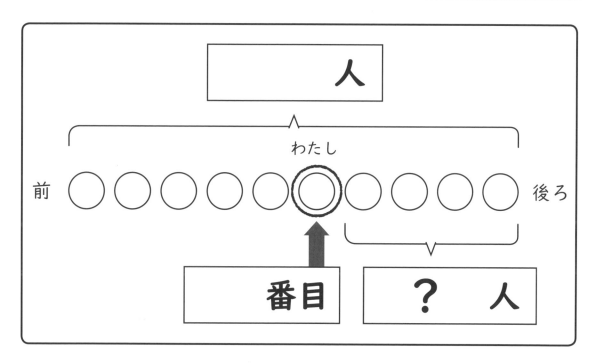

（しき）

（答え）

前・後ろに 何人

もんだいの 文を 読んで, 図を 見ながら 数字と しきと 答えを
書きましょう。

もんだい

子どもが, 10人 ならんで います。
わたしは 後ろから 3番目に います。
わたしの 前には 何人 いますか。

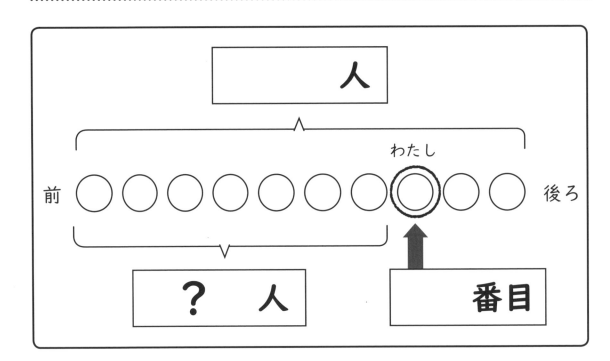

（しき）

（答え）

前・後ろに 何人

もんだいの 文を 読んで，図を 見ながら 数字と しきと 答えを
書きましょう。

もんだい

子どもが，**10人** ならんで います。
わたしは **後ろ**から **4番目**に います。
わたしの **前**には 何人 いますか。

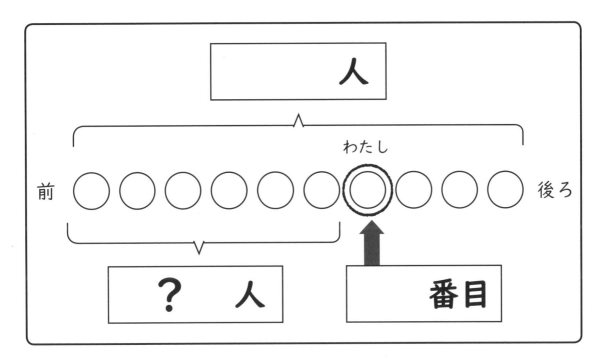

（しき）

（答え）

前・後ろに 何人

もんだいの 文を読み，〇を つかって 図で あらわしましょう。

もんだい

子どもが 6人 ならんで います。
わたしは，前から 3番目に います。
わたしの 後ろには 何人 いますか。

	人	
前		後ろ
番目		? 人

しきに 書いて 答えましょう。

（しき）

（答え）

前・後ろに 何人

もんだいの 文を読み，〇を つかって 図で あらわしましょう。

もんだい

子どもが 8人 ならんで います。
わたしは，前から 4番目に います。
わたしの 後ろには 何人 いますか。

人	

前　　　　　　　　　　　　　　　　　　　　　後ろ

番目　　　　　　　　？ 人

しきに 書いて 答えましょう。

（しき）

（答え）

前・後ろに 何人

もんだいの 文を読み，〇を つかって 図で あらわしましょう。

もんだい

子どもが 9人 ならんで います。
わたしは，後ろから 4番目に います。
わたしの 前には 何人 いますか。

```
┌─────────────────────────────────────────────┐
│              ┌──────────────┐                │
│              │       人      │                │
│              └──────────────┘                │
│                                              │
│  前                                    後ろ   │
│                                              │
│  ┌──────────────┐      ┌──────────────┐      │
│  │   ？   人     │      │       番目    │      │
│  └──────────────┘      └──────────────┘      │
└─────────────────────────────────────────────┘
```

しきに 書いて 答えましょう。

（しき）

（答え）

前・後ろに 何人

もんだいの 文を読み，〇を つかって 図で あらわしましょう。

もんだい

子どもが 8人 ならんで います。
わたしは，後ろから 3番目に います。
わたしの 前には 何人 いますか。

	人	
前		後ろ
？ 人		番目

しきに 書いて 答えましょう。

（しき）

（答え）

多いほうは いくつ②

下の れいでは, もんだいの 文を 絵で あらわして います。

もんだい

れい

ケーキが 6こ あります。

ケーキより, おさらは 3まい 多いそうです。

おさらは, いくつ ありますか。

ケーキと おさらを 〇で あらわして 図に します。

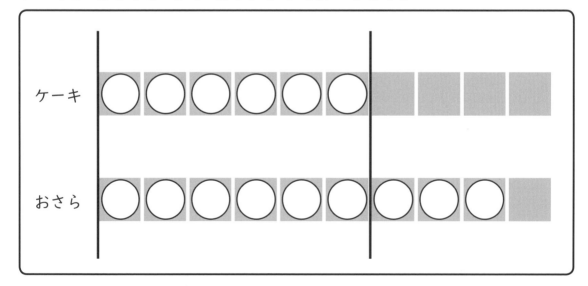

多いほうは いくつ②

下の れいでは，もんだいの 文を 絵で あらわして います。

もんだい

れい

スプーンが 13本 あります。

スプーンより，フォークは 6本 多いそうです。

フォークは，いくつ ありますか。

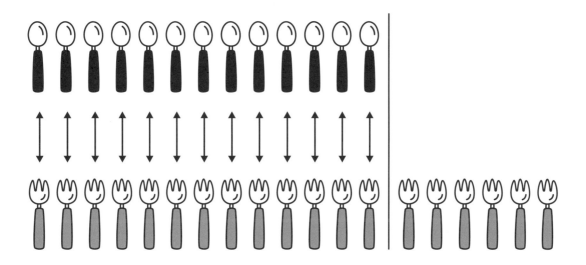

スプーンと フォークを ○で あらわして 図に しましょう。

9-1-b 多いほうは いくつ②

もんだいの 文を 読んで，図を 見ながら 数字と しきと 答えを
書きましょう。

もんだい

ケーキが **4こ** あります。

ケーキより，おさらは **3まい** 多いそうです。

おさらは，いくつ ありますか。

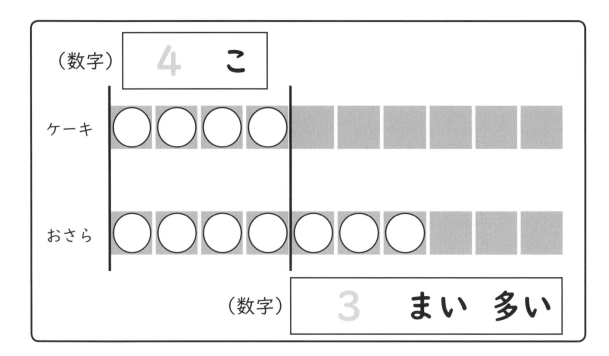

（数字）　4　こ

ケーキ

おさら

（数字）　3　まい 多い

（しき）　4＋3＝7

（答え）　7まい

多いほうは いくつ②

もんだいの 文を 読んで，図を 見ながら 数字と しきと 答えを
書きましょう。

もんだい

スプーンが **15本** あります。

スプーンより，フォークは **2本** 多いそうです。

フォークは，いくつ ありますか。

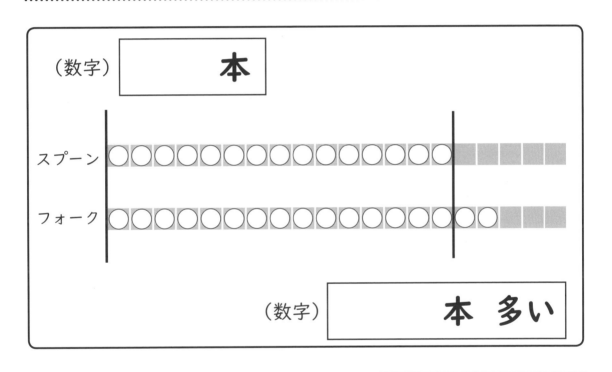

（数字）　　　　本

スプーン

フォーク

（数字）　　　本　多い

（しき）

（答え）

多いほうは いくつ②

もんだいの 文を，○を かいて 図に しましょう。

もんだい

ケーキが 8こ あります。
おさらは，ケーキより 1まい 多いそうです。
おさらは，いくつ ありますか。

こ

ケーキ

おさら

まい 多い

しきに 書いて 答えましょう。

（しき）

（答え）

多いほうは いくつ②

もんだいの 文を，〇を かいて 図に しましょう。

もんだい

フォークが 16本 あります。
スプーンは，フォークより 2本 多いそうです。
スプーンは，いくつ ありますか。

| | 本 |

| 本 多い |

しきに 書いて 答えましょう。

（しき）

（答え）

少ないほうは いくつ②

下の れいでは，もんだいの 文を 絵で あらわして います。

もんだい

れい

ケーキが 6こ あります。

ケーキより，おさらは 4まい 少ないそうです。

おさらは，いくつ ありますか。

ケーキと おさらを，○で あらわして 図に します。

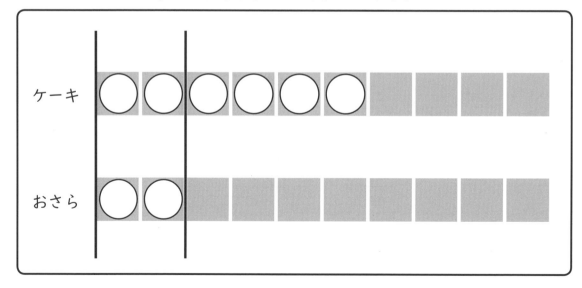

少ないほうは いくつ②

下の れいでは，もんだいの 文を 絵で あらわして います。

もんだい

れい

スプーンが 14本 あります。

スプーンより，フォークは 4本 少ないそうです。

フォークは，いくつ ありますか。

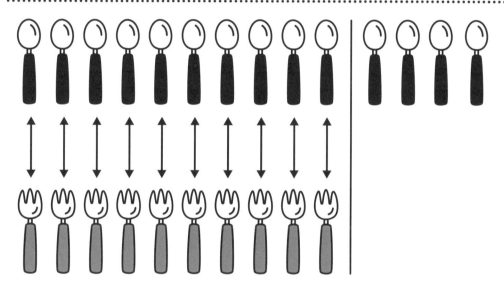

スプーンと フォークを，〇で あらわして 図に しましょう。

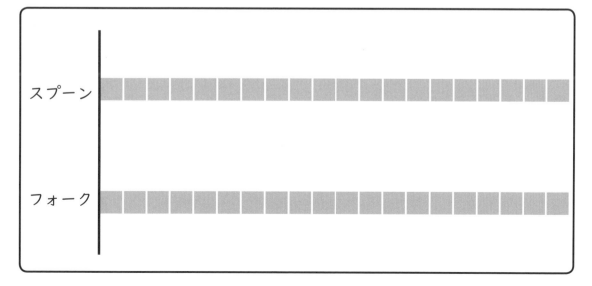

スプーン

フォーク

少ないほうは いくつ②

もんだいの 文を 読んで，図を 見ながら 数字と しきと 答えを
書きましょう。

もんだい

ケーキが **7こ** あります。
ケーキより，おさらは **3まい** 少ないそうです。
おさらは，いくつ ありますか。

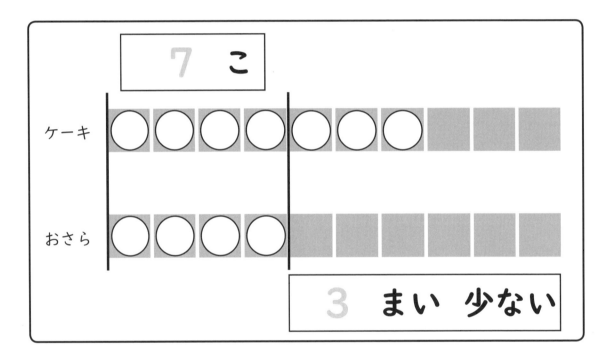

（しき）　7－3＝4

（答え）　4まい

少ないほうは いくつ②

もんだいの 文を 読んで，図を 見ながら 数字と しきと 答えを
書きましょう。

もんだい

スプーンが **15本** あります。

スプーンより，フォークは **4本** 少ないそうです。

フォークは，いくつ ありますか。

本

スプーン	○○○○○○○○○○○○○○○□□□□□
フォーク	○○○○○○○○○○○□□□□□□□□□

本 少ない

（しき）

（答え）

もんだいの 文を，〇を かいて 図に しましょう。

もんだい

ケーキが 8こ あります。

おさらは，ケーキより 1まい 少ないそうです。

おさらは，いくつ ありますか。

| こ |

| ケーキ | |
| おさら | |

| まい 少ない |

しきに 書いて 答えましょう。

（しき）

（答え）

もんだいの 文を，〇を かいて 図に しましょう。

もんだい

フォークが 18本 あります。

スプーンは，フォークより 7本 少ないそうです。

スプーンは，いくつ ありますか。

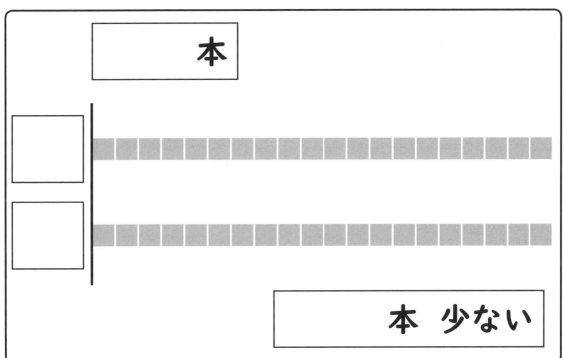

本

本 少ない

しきに 書いて 答えましょう。

（しき）

（答え）

はじめは いくつ①

もんだいの 文を 読んで，絵を 見ながら 考えましょう。

もんだい

① はじめに ちょうが 何びきか いました。
② ちょうが 3びき とんで いったので，
③ のこりは 6ぴきに なりました。
① はじめに 何びき いましたか。

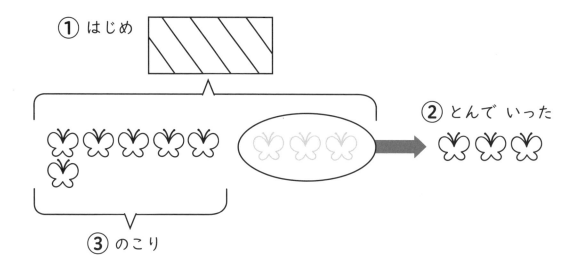

ちょうを，○で あらわして 図に します。
はじめに 何びき いたか わからないので，②の 3びきから かきます。

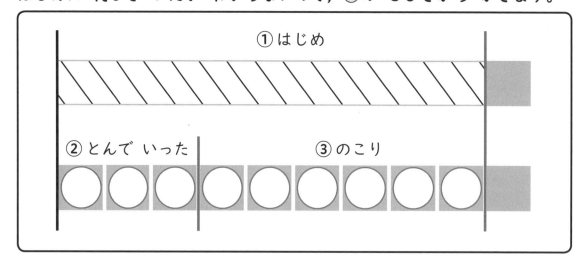

はじめは いくつ①

もんだいの 文を 読んで, 絵を 見ながら 考えましょう。

もんだい

① はじめに いちごが 何こか ありました。

② 5こ 食べたので,

③ のこりは 10こに なりました。

① はじめに 何こ ありましたか。

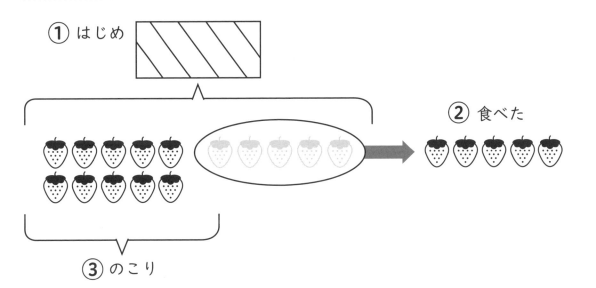

いちごを, ○で あらわして 図に しましょう。

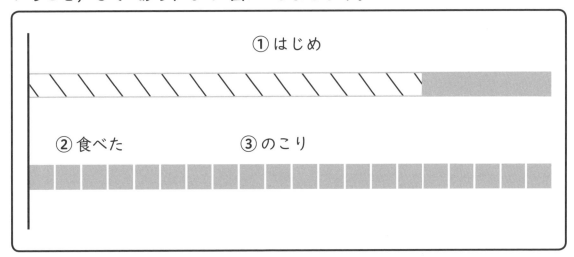

はじめは いくつ①

もんだいの 文を 読んで，図を 見ながら 数字と しきと 答えを
書きましょう。

もんだい

① はじめに ちょうが 何びきか いました。
② ちょうが **4ひき** とんで いったので，
③ のこりは **4ひき** に なりました。
① はじめに 何びき いましたか。

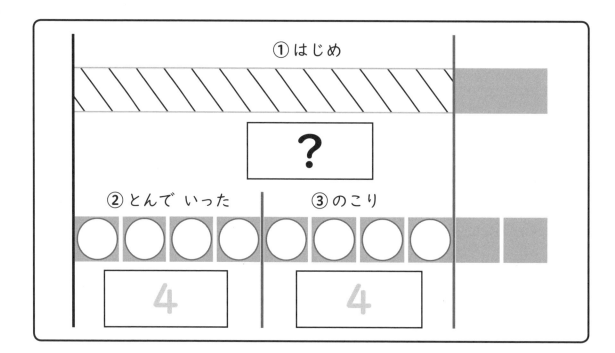

（しき）　4 + 4 = 8

（答え）　8ひき

はじめは いくつ①

もんだいの 文を 読んで, 図を 見ながら 数字と しきと 答えを
書きましょう。

もんだい

① はじめに あめが 何こか ありました。
② 7こ 食べたので,
③ のこりは 11こに なりました。
① はじめに 何こ ありましたか。

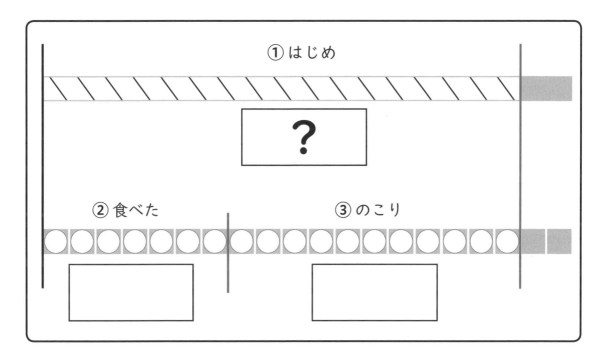

（しき）

（答え）

はじめは いくつ①

もんだいの 文を，〇を かいて 図に しましょう。

もんだい

① はじめに ちょうが 何びきか いました。
② ちょうが 6ぴき とんで いったので，
③ のこりは 4ひきに なりました。
① はじめに 何びき いましたか。

はじめに 何びき いたか わからないので，②の 6ぴきから かきます。

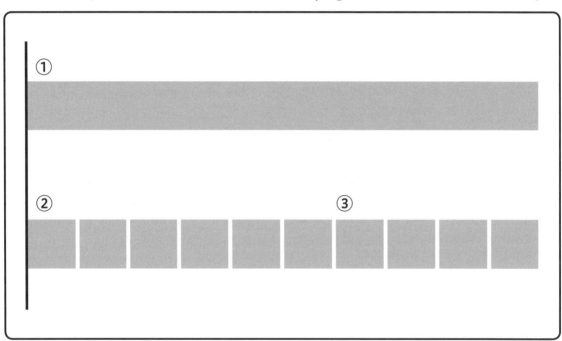

しきに 書いて 答えましょう。

（しき）

（答え）

11-2-c   はじめは いくつ①

もんだいの 文を, 〇を かいて 図に しましょう。

もんだい

① はじめに あめが 何こか ありました。
② 4こ 食べたので,
③ のこりは 14こに なりました。
① はじめに 何こ ありましたか。

しきに 書いて 答えましょう。

（しき）

（答え）

はじめは いくつ②

もんだいの 文を 読んで，絵を 見ながら 考えましょう。

もんだい

① はじめに ちょうが 何びきか いました。
② ちょうが ３びき とんで きたので，
③ ぜんぶで ８ひきに なりました。
① はじめに 何びき いましたか。

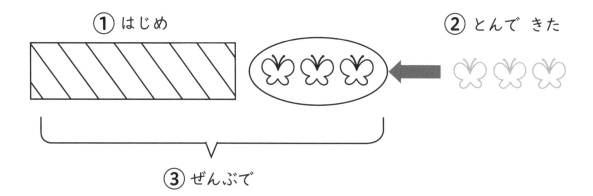

① はじめ　　　② とんで きた
③ ぜんぶで

ちょうを，○で あらわして 図に します。
はじめに 何びき いたか わからないので，③の ８ひきから かきます。

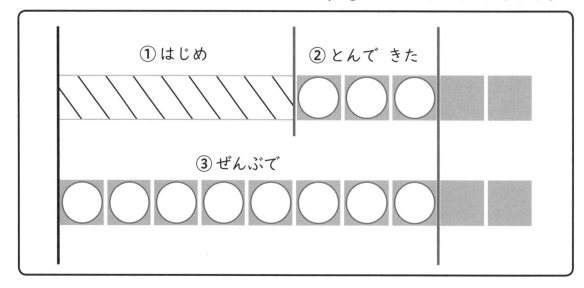

① はじめ　　② とんで きた
③ ぜんぶで

はじめは いくつ②

もんだいの 文を 読んで，絵を 見ながら 考えましょう。

もんだい

① はじめに いちごが 何こか ありました。
② 10こ もらったので，
③ ぜんぶで 15こに なりました。
① はじめに 何こ ありましたか。

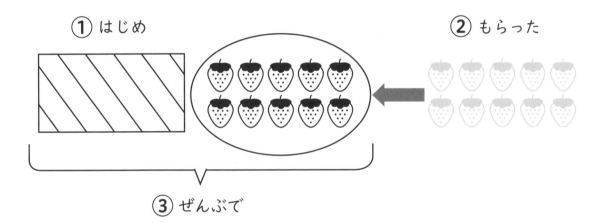

① はじめ　　　　　　　　　　　　　　② もらった

③ ぜんぶで

いちごを，○で あらわして 図に しましょう。

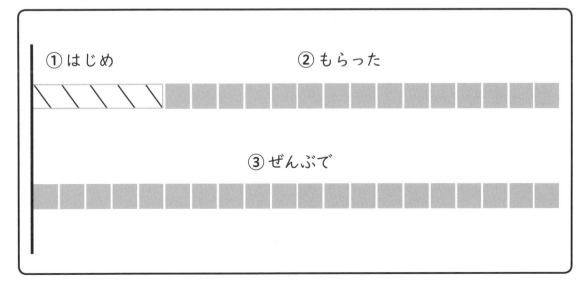

① はじめ　　　　　② もらった

③ ぜんぶで

はじめは いくつ②

もんだいの 文を 読んで，図を 見ながら 数字と しきと 答えを
書きましょう。

もんだい

① はじめに ちょうが 何びきか いました。

② ちょうが **3びき** とんで きたので，

③ ぜんぶで **7ひき** に なりました。

① はじめに 何びき いましたか。

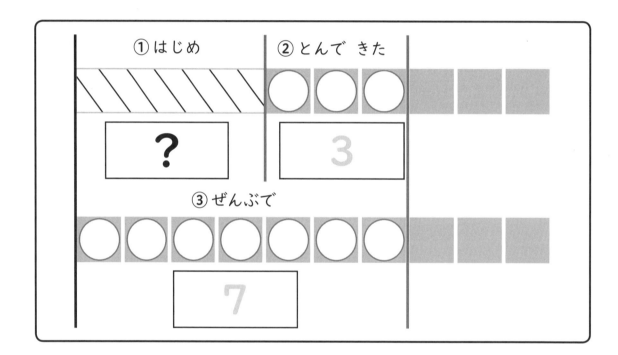

（しき）　7－3＝4

（答え）　4ひき

はじめは いくつ②

もんだいの 文を 読んで, 図を 見ながら 数字と しきと 答えを
書きましょう。

もんだい

① はじめに あめが 何こか ありました。

② 10こ もらったので,

③ ぜんぶで 16こに なりました。

① はじめに 何こ ありましたか。

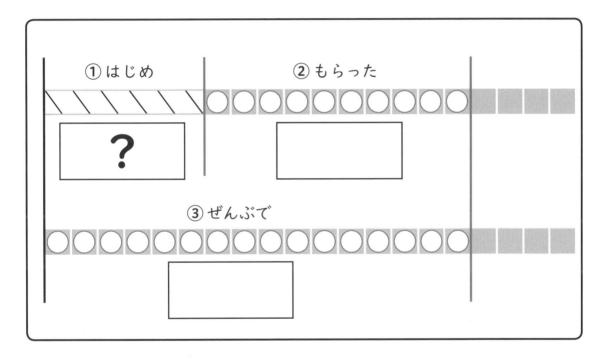

（しき）

（答え）

はじめは いくつ②

もんだいの 文を，〇を かいて 図に しましょう。

もんだい

① はじめに ちょうが 何びきか いました。
② ちょうが 4ひき とんで きたので，
③ ぜんぶで 9ひきに なりました。
① はじめに 何びき いましたか。

はじめに 何びき いたか わからないので，③の 9ひきから かきます。

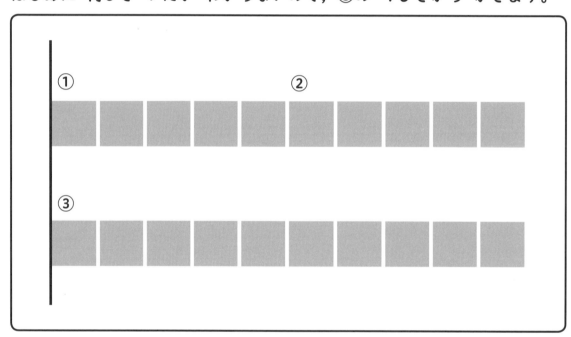

しきに 書いて 答えましょう。

（しき）

（答え）

はじめは いくつ②

もんだいの 文_{ぶん}を，〇を かいて 図_ずに しましょう。

もんだい

① はじめに あめが 何_{なん}こか ありました。

② 11こ もらったので，

③ ぜんぶで 19こに なりました。

① はじめに 何こ ありましたか。

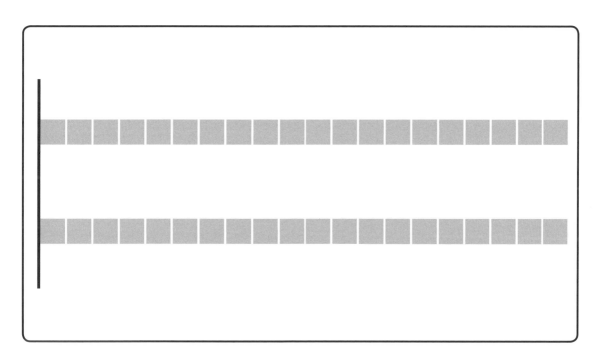

しきに 書_かいて 答_{こた}えましょう。

（しき）

（答え）

もんだいの 文を 読んで，絵を 見ながら 考えましょう。

もんだい

① はじめに 魚が 5ひき いました。
② 魚を 何びきか ふやしたので，
③ ぜんぶで 8ひきに なりました。
② ふやした 魚は なんびきですか。

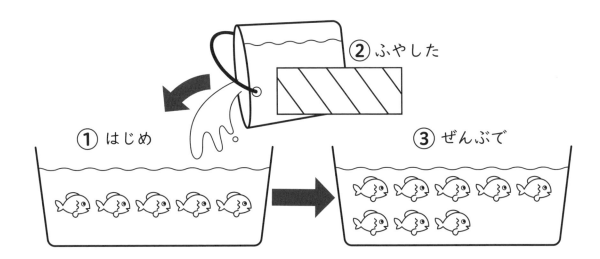

魚を，○で あらわして 図に します。
①の 5ひきと ③の 8ひきを かいて，ふやした 魚の 数を 考えます。

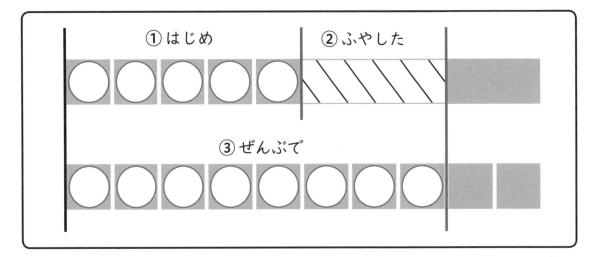

もんだいの 文を 読んで，絵を 見ながら 考えましょう。

もんだい

① はじめに あめが 12こ ありました。
② あめを 何こか もらったので，
③ ぜんぶで 17に なりました。
② もらった あめは 何こですか。

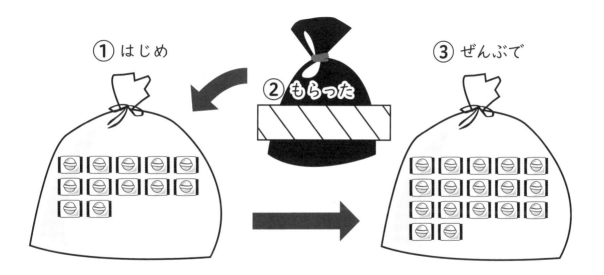

あめを，〇で あらわして 図に しましょう。

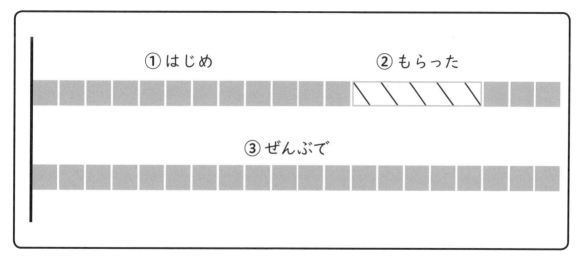

ふえたのは いくつ

もんだいの 文を 読んで，図を 見ながら 数字と しきと 答えを
書きましょう。

もんだい

① はじめに 魚が **4ひき** いました。
② 魚を 何びきか ふやしたので，
③ ぜんぶで **8ひき**に なりました。
② ふやした 魚は 何びきですか。

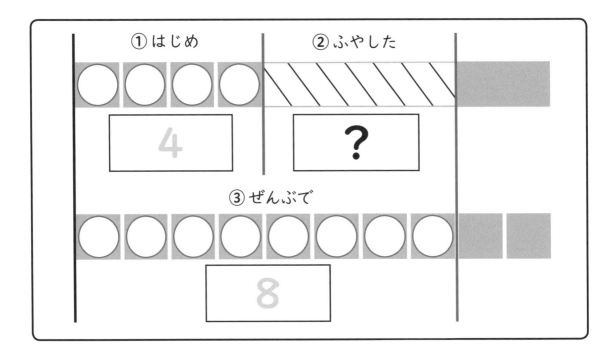

① はじめ　　② ふやした

4　　　　　?

③ ぜんぶで

8

（しき）　　8−4＝4

（答え）　　4ひき

ふえたのは いくつ

もんだいの 文を 読んで, 図を 見ながら 数字と しきと 答えを
書きましょう。

もんだい

① はじめに あめが 10こ ありました。

② あめを 何こか もらったので,

③ ぜんぶで 17こに なりました。

② もらった あめは 何こですか。

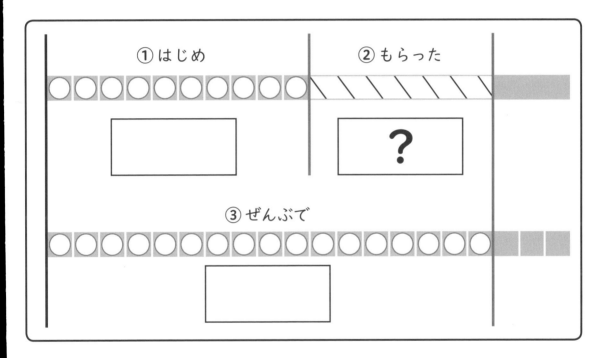

(しき)

(答え)

もんだいの 文を, 〇を かいて 図に しましょう。

もんだい

① はじめに 魚が 6ぴき いました。
② 魚を 何びきか ふやしたので,
③ ぜんぶで 18ひきに なりました。
② ふやした 魚は 何びきですか。

①の 6ぴきと ③の 18ひきを かいて, ふやした 魚の 数を 考えます。

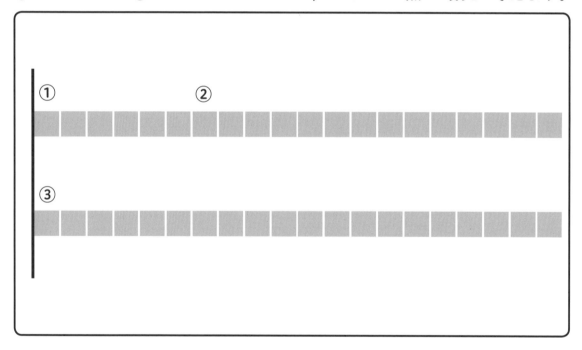

しきに 書いて 答えましょう。

（しき）

（答え）

ふえたのは いくつ

もんだいの 文を, ○を かいて 図に しましょう。

もんだい

① はじめに あめが 4こ ありました。
② あめを 何こか もらったので,
③ ぜんぶで 16こに なりました。
② もらった あめは 何こですか。

しきに 書いて 答えましょう。

（しき）

（答え）

135

へったのは いくつ

もんだいの 文を 読んで, 絵を 見ながら 考えましょう。

もんだい

① はじめに 魚が 8ひき いました。
② 魚を 何びきか 友だちに あげたので,
③ のこりは 5ひきに なりました。
② あげた 魚は 何びきですか。

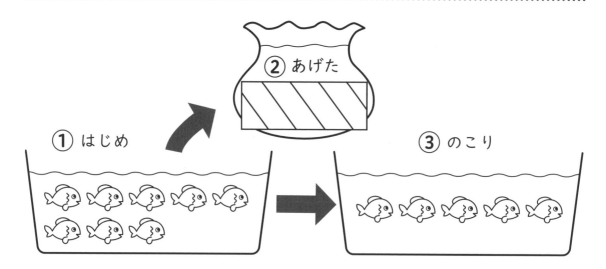

魚を, ○で あらわして 図に します。
①の 8ひきと ③の 5ひきを かいて, あげた 魚の 数を 考えます。

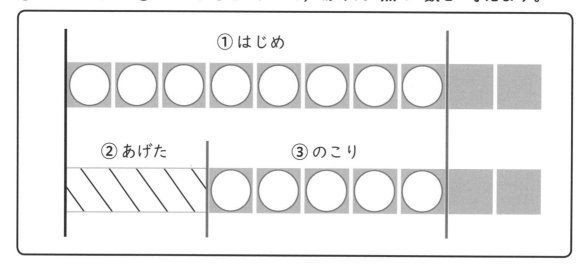

へったのは いくつ

もんだいの 文を 読んで, 絵を 見ながら 考えましょう。

もんだい

① はじめに いちごが 17こ ありました。

② いちごを 何こか 食べたので,

③ のこりは 10こに なりました。

② 食べた いちごは 何こですか。

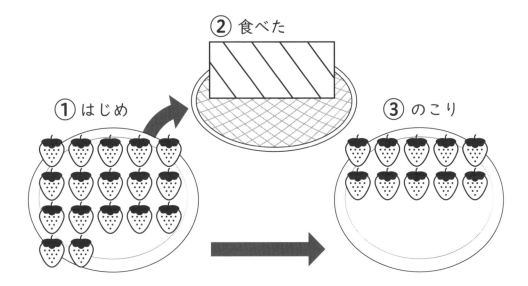

いちごを, ○で あらわして 図に しましょう。

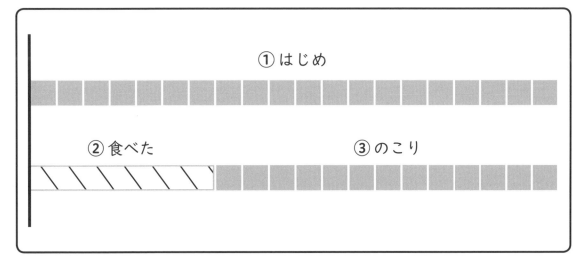

　へったのは いくつ

もんだいの 文を 読んで，図を 見ながら 数字と しきと 答えを
書きましょう。

もんだい

① はじめに 魚が **9ひき** いました。
② 魚を 何びきか 友だちに あげたので，
③ のこりは **5ひき** に なりました。
② あげた 魚は 何びきですか。

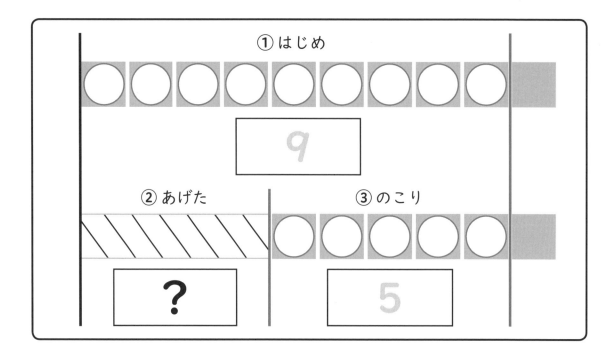

（しき）　9－5＝4

（答え）　4ひき

もんだいの 文を 読んで，図を 見ながら 数字と しきと 答えを
書きましょう。

もんだい

① はじめに あめが **17こ** ありました。
② あめを 何こか 食べたので，
③ のこりは **7こ**に なりました。
② 食べた あめは 何こですか。

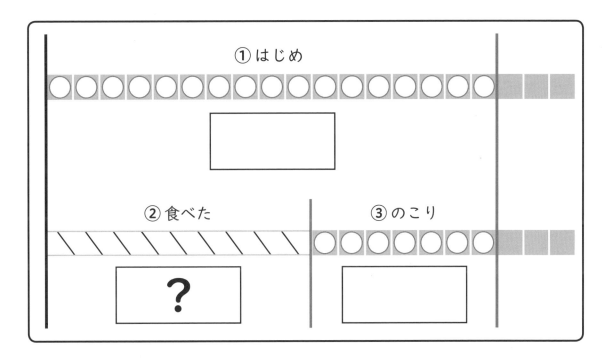

（しき）

（答え）

へったのは いくつ

もんだいの 文を, 〇を かいて 図に しましょう。

もんだい

① はじめに 魚が 18ひき いました。
② 魚を 何びきか 友だちに あげたので,
③ のこりは 12ひきに なりました。
② あげた 魚は 何びきですか。

①の 18ひきと ③の 12ひきを かいて, あげた 魚の 数を 考えます。

①

②　　　　　③

しきに 書いて 答えましょう。

（しき）

（答え）

もんだいの 文を, ○を かいて 図に しましょう。

もんだい

① はじめに あめが 14こ ありました。
② あめを 何こか 食べたので,
③ のこりは 3こに なりました。
② 食べた あめは 何こですか。

しきに 書いて 答えましょう。

(しき)

(答え)

合わせて いくつ　　14-21ページ

1-1-b	しき	10 + 9 = 19
	答え	19ひき
1-2-b	しき	12 + 7 = 19
	答え	19ひき
1-3-b	しき	2 + 6 = 8
	答え	8本
1-4-b	しき	6 + 13 = 19
	答え	19こ
1-1-c	しき	5 + 3 = 8
	答え	8ひき
1-2-c	しき	7 + 11 = 18
	答え	18ひき
1-3-c	しき	3 + 15 = 18
	答え	18本
1-4-c	しき	10 + 6 = 16
	答え	16こ

ふえると いくつ　　26-33ページ

2-1-b	しき	14 + 4 = 18
	答え	18ひき
2-2-b	しき	10 + 5 = 15
	答え	15ひき
2-3-b	しき	3 + 10 = 13
	答え	13本
2-4-b	しき	7 + 10 = 17
	答え	17本
2-1-c	しき	5 + 12 = 17
	答え	17ひき
2-2-c	しき	15 + 3 = 18
	答え	18ひき
2-3-c	しき	10 + 2 = 12
	答え	12本
2-4-c	しき	12 + 1 = 13
	答え	13本

のこりは いくつ　　38-45ページ

3-1-b	しき	12 - 2 = 10
	答え	10ぴき
3-2-b	しき	14 - 13 = 1
	答え	1ぴき
3-3-b	しき	16 - 4 = 12
	答え	12こ
3-4-b	しき	17 - 4 = 13
	答え	13こ
3-1-c	しき	5 - 3 = 2
	答え	2ひき
3-2-c	しき	7 - 2 = 5
	答え	5羽
3-3-c	しき	6 - 4 = 2
	答え	2こ
3-4-c	しき	10 - 4 = 6
	答え	6こ

ちがいは いくつ　　50-57ページ

4-1-b	しき	10 - 8 = 2
	答え	りすが2ひき 多い
4-2-b	しき	9 - 6 = 3
	答え	どんぐりが3こ 多い
4-3-b	しき	14 - 4 = 10
	答え	けしゴムが10こ 少ない
4-4-b	しき	9 - 7 = 2
	答え	うさぎが2ひき 少ない
4-1-c	しき	5 - 2 = 3
	答え	どんぐりが3こ 多い
4-2-c	しき	4 - 3 = 1
	答え	ねこが1ぴき 多い
4-3-c	しき	7 - 2 = 5
	答え	けしゴムが5こ 少ない
4-4-c	しき	6 - 3 = 3
	答え	うさぎが3びき 少ない

多いほうは いくつ①　　62-69ページ

5-1-b	しき	7 + 2 = 9
	答え	9こ
5-2-b	しき	8 + 2 = 10
	答え	10こ
5-3-b	しき	3 + 7 = 10
	答え	10本
5-4-b	しき	4 + 2 = 6
	答え	6本
5-1-c	しき	3 + 1 = 4
	答え	4こ
5-2-c	しき	3 + 4 = 7
	答え	7こ
5-3-c	しき	2 + 4 = 6
	答え	6本
5-4-c	しき	6 + 2 = 8
	答え	8本

少ないほうは いくつ①　　74-81ページ

6-1-b	しき	7 - 2 = 5
	答え	5こ
6-2-b	しき	9 - 3 = 6
	答え	6こ
6-3-b	しき	7 - 3 = 4
	答え	4本
6-4-b	しき	4 - 2 = 2
	答え	2本
6-1-c	しき	4 - 1 = 3
	答え	3こ
6-2-c	しき	5 - 3 = 2
	答え	2こ
6-3-c	しき	9 - 2 = 7
	答え	7本
6-4-c	しき	6 - 4 = 2
	答え	2本

ならんで いるのは 何人　　86-93ページ

7-1-b	しき	3 ＋ 3 ＝ 6
	答え	6人
7-2-b	しき	5 ＋ 3 ＝ 8
	答え	8人
7-3-b	しき	2 ＋ 4 ＝ 6
	答え	6人
7-4-b	しき	3 ＋ 5 ＝ 8
	答え	8人
7-1-c	しき	6 ＋ 2 ＝ 8
	答え	8人
7-2-c	しき	5 ＋ 4 ＝ 9
	答え	9人
7-3-c	しき	2 ＋ 5 ＝ 7
	答え	7人
7-4-c	しき	8 ＋ 2 ＝ 10
	答え	10人

前・後ろに 何人　　98-105ページ

8-1-b	しき	10 － 2 ＝ 8
	答え	8人
8-2-b	しき	10 － 6 ＝ 4
	答え	4人
8-3-b	しき	10 － 3 ＝ 7
	答え	7人
8-4-b	しき	10 － 4 ＝ 6
	答え	6人
8-1-c	しき	6 － 3 ＝ 3
	答え	3人
8-2-c	しき	8 － 4 ＝ 4
	答え	4人
8-3-c	しき	9 － 4 ＝ 5
	答え	5人
8-4-c	しき	8 － 3 ＝ 5
	答え	5人

多いほうは いくつ②　　108-111ページ

9-1-b	しき	4 ＋ 3 ＝ 7
	答え	7まい
9-2-b	しき	15 ＋ 2 ＝ 17
	答え	17本
9-1-c	しき	8 ＋ 1 ＝ 9
	答え	9まい
9-2-c	しき	16 ＋ 2 ＝ 18
	答え	18本

少ないほうは いくつ②　　114-117ページ

10-1-b	しき	7 － 3 ＝ 4
	答え	4まい
10-2-b	しき	15 － 4 ＝ 11
	答え	11本
10-1-c	しき	8 － 1 ＝ 7
	答え	7まい
10-2-c	しき	18 － 7 ＝ 11
	答え	11本

はじめは いくつ①　　120-123ページ

11-1-b	しき	4 ＋ 4 ＝ 8
	答え	8ひき
11-2-b	しき	7 ＋ 11 ＝ 18
	答え	18こ
11-1-c	しき	6 ＋ 4 ＝ 10
	答え	10ぴき
11-2-c	しき	4 ＋ 14 ＝ 18
	答え	18こ

はじめは いくつ②　　126-129ページ

12-1-b	しき	7 － 3 ＝ 4
	答え	4ひき
12-2-b	しき	16 － 10 ＝ 6
	答え	6こ
12-1-c	しき	9 － 4 ＝ 5
	答え	5ひき
12-2-c	しき	19 － 11 ＝ 8
	答え	8こ

ふえたのは いくつ　　132-135ページ

13-1-b	しき	8 － 4 ＝ 4
	答え	4ひき
13-2-b	しき	17 － 10 ＝ 7
	答え	7こ
13-1-c	しき	18 － 6 ＝ 12
	答え	12ひき
13-2-c	しき	16 － 4 ＝ 12
	答え	12こ

へったのは いくつ　　138-141ページ

14-1-b	しき	9 － 5 ＝ 4
	答え	4ひき
14-2-b	しき	17 － 7 ＝ 10
	答え	10こ
14-1-c	しき	18 － 12 ＝ 6
	答え	6ぴき
14-2-c	しき	14 － 3 ＝ 11
	答え	11こ

著者プロフィール

熊谷恵子

筑波大学人間系教授。博士（教育学）東京出身。九州大学理学部化学科卒業、理系の仕事を経て、筑波大学大学院修士課程教育研究科障害児教育専攻修了、筑波大学大学院博士課程心身障害学研究科単位取得退学、その後、筑波大学助手、講師、助教授、準教授を経て現職。言語聴覚士、臨床心理士、学校心理士スーパーバイザー、特別支援教育士スーパーバイザー。発達障害のある人の支援に関わる研究を専門としている。

山本ゆう

筑波大学大学院人間総合科学研究科障害科学専攻博士後期課程在籍。修士（特別支援教育学）（筑波大学）、修士（教育学）（兵庫教育大学）。6年間の小学校教員経験を経て、現在に至る。臨床発達心理士。筑波大学心理・発達教育相談室で発達障害のある子どもの臨床に携わりながら研究を進めている。

参考文献

熊谷恵子、山本ゆう（2018）『通常学級で役立つ　算数障害の理解と指導法─みんなをつまずかせない！すぐに使える！アイディア48』　学研教育みらい

特別支援教育で役立つ たし算・ひき算の文章題ドリル
算数障害のある子への指導法もわかる

2020年10月13日　第1刷発行

著　者	熊谷恵子・山本ゆう
発行人	甲原 洋
編集人	木村友一
企画編集	東郷美和
編集協力	浅原孝子、藤村秀樹・西祥玄（ピース）
デザイン	藤崎知子（トライ スパイラル）、村井美緒（ピース）
イラスト	小林麻美
発行所	株式会社学研教育みらい 〒141-8416　東京都品川区西五反田2-11-8
発売元	株式会社学研プラス 〒141-8415　東京都品川区西五反田2-11-8
印刷・製本所	株式会社リーブルテック

《この本に関する各種お問い合わせ先》
- 本の内容については、下記サイトのお問い合わせフォームよりお願いします。
  https://gakken-kyoikumirai.co.jp/contact/
- 在庫については　Tel 03-6431-1250（販売部）
- 不良品（落丁、乱丁）については　Tel 0570-000577
  学研業務センター　〒354-0045 埼玉県入間郡三芳町上富279-1
- 上記以外のお問い合わせは　Tel 0570-056-710（学研グループ総合案内）

© Keiko Kumagai　Yu Yamamoto　2020 Printed in Japan

学研の書籍・雑誌についての新刊情報・詳細情報は、下記をご覧ください。
　学研出版サイト　https://hon.gakken.jp/